名字の言《みょうじのげん》
セレクション

1

2023〜2024

聖教新聞社・編

Selection

鳳書院

「創価の師弟の絆」は永遠──世界の同志と共戦を約し合った「世界青年学会開幕　創立100周年へ　第4回本部幹部会」。池田先生はじめ創価三代の会長が、私たちの前進を常に見守っている（2024年9月7日、東京戸田記念講堂）
©Seikyo Shimbun

名字の言セレクション❶

2023～2024

「はじめに」にかえて

君たちが新しい黎明《れいめい》をつくっていくんだ

2024年1月1日(月・祝)

「世界青年学会　開幕《かいまく》の年」を迎《むか》えた。学会が年間テーマを掲《かか》げて前進するようになったのは、65年前の1959年。池田先生の発案《はつあん》である。戸田先生の逝去《せいきょ》後《ご》、初めて迎える年を、池田先生は「黎明《れいめい》の年」にしようと提案《ていあん》した。その思いは、当時の男子部歌にも反映《はんえい》された。

前年の58年11月、男子部は部歌の作成を開始。12月2日、先生は歌詞《かし》案《あん》を受け取ると筆《ふで》を入れた。「今《いま》黎明の時来《き》たり」「恩師の教えひとすじに」――先生が魂《たましい》を込《こ》めた男子部歌「黎明の歌」は、若人《わこうど》の〝戦う心〟を鼓舞《こぶ》した。

恩師亡《な》き後《あと》、広布の黎明を告《つ》げたのは池田先生自身だった。先生は小説『人間革命』の最初の章を「黎明」の章とした。第1巻の連載《れんさい》が終了《しゅうりょう》する頃《ころ》、未来部の友に語った。〝戸田先生の後は、私を中心としての黎明であり、その後は君たちが、また新しい黎明をつくっていくんだ〟

今まさに池田門下の誉《ほま》れを胸《むね》に、私たちの熱と力《ちから》で世界青年学会の黎明を告げる時。今年の干支《えと》「辰《たつ》」は、時刻《じこく》でいえば「午前8時ごろ」に当たる。また、「辰」には「夜明け」の意義がある。〝青年の年〟〝黎明の年〟に通《つう》じよう。

誓《ちか》いに生きる人生ほど、気高《けだか》く崇高《すうこう》なものはない。新生《しんせい》の息吹《いぶき》で、わが師弟共戦の歩《あゆ》みを開始しよう。

名字の言セレクション❶ 2023〜2024——目次

第2章　2023年4月〜6月……43

第3章　2023年7月〜9月……97

第5章　2024年1月～3月

凡例

一、本書は、「聖教新聞」のコラム「名字の言」のうち、2023年4月1日～翌2024年3月31日に掲載された作品を対象に精選し、一部加筆修正しました。
一、本文中の御書のページ数は、『日蓮大聖人御書全集　新版』を「新〇〇」とし、『日蓮大聖人御書全集』（創価学会版　第二七八刷）を「全〇〇」と表記しました。

装幀・本文デザイン／澤井慶子

第1章

永遠に師と共に

2023年11月18日〜11月30日

創価学会名誉会長・SGI（創価学会インタナショナル）会長の池田大作先生が2023年11月15日夜半、霊山へ旅立たれた。95年のご生涯であった。

「民衆《みんしゅう》が主役」の時代を築《きず》く
誓《ちか》い新たに

2023年11月18日(土)

「牛飼《うしかひ》が／歌よむ時に／世のなかの／新しき歌／大いにおこる」。歌人・伊藤左千夫《さちお》が詠《よ》んだ一首。氏は25歳の時に牛乳搾取業《ぎゅうにゅうさくしゅぎょう》を起業した。家業に励《はげ》み、短歌誌《たんかし》「阿羅々木《あららぎ》」を創刊《そうかん》するなど、精力的《せいりょくてき》に活動した。

近代以前、和歌は貴族《きぞく》や上流階級の一部の人間が、たしなむものだった。だが、牛飼《うしか》いである自分のような民衆《みんしゅう》が歌を詠む時代に変わった。新たな歌は民衆から起こる。民衆こそ新しい時代を担《にな》う主役——冒頭《ぼうとう》の歌は、その気概《きがい》を表現したものといわれる。

仏法は「凡夫即極《ぼんぷそくごく》」を説く。悩《なや》みや迷いの多い凡夫（普通《ふつう》の人間）に、尊極《そんごく》の仏の境涯《きょうがい》が現《あらわ》れるとの意味だ。この哲理《てつり》から生まれる「民衆こそ主役」との理念について、池田先生は「仏教史はもとより、宗教・思想史においても、驚天動地《きょうてんどうち》の革命的《かくめいてき》な宣言《せんげん》でありましょう」と述べている。

創価学会は創立《そうりつ》以来、平和・文化・教育の広範《こうはん》な分野で、社会建設の運動を推進《すいしん》してきた。広宣流布とは単なる会員の拡大を意味しない。民衆が連帯し、自らの手で「民衆が主役」の時代を築《きず》くことに、創価の運動の目的がある。

清新《せいしん》な誓《ちか》いを胸《むね》に、学会創立記念日から出発しよう。生命の尊厳《そんげん》が危《き》機《き》にある今、仏法者として、人類の宿命転換《てんかん》に立ち上がる時である。

報恩《ほうおん》の誠《まこと》を尽《つ》くす

2023年11月19日(日)

第2代会長・戸田城聖先生が逝去《せいきょ》した翌日《よくじつ》の1958年4月3日、本部幹部会が行われた。席上、青年部を代表して、池田大作先生があいさつに立った。

恩師の逝去を、ただ慨嘆《がいたん》し悲しんで終わってしまっては何もならない――池田先生はこう強調し、〝師恩《しおん》に報《むく》いる道〟を訴《うった》えた。「それはただ一つ、ますます信心に励《はげ》んで、人間革命をし、立派《りっぱ》な幸福生活を建設すること」と。

恩師が逝去して65年。その間《かん》の池田先生の歩《あゆ》みは「報恩《ほうおん》の誠《まこと》を尽《つ》くす」との一点に尽《つ》きる。恩師の構想の一切を実現し、恩師と不二《ふに》の心で友の胸中《きょうちゅう》に希望の灯《ひ》をともした。その励ましを源流《げんりゅう》とする人間革命の勝利劇《げき》は、世界各地に刻《きざ》まれている。

学会が世界宗教《しゅうきょう》として飛翔《ひしょう》した今、師弟の誓《ちか》いに生きる地涌《じゆ》の人材が地球を包《つつ》む時代を迎《むか》えた。題目の音声《おんじょう》が24時間、途切《とぎ》れることはない。広宣流布は世界同時進行。その勢いは、さらに加速度を増《ま》している。

恩師が逝去した日の夜、池田先生はつづった。「(戸田)先生の残せる、分身《ぶんしん》の生命は、第二部の、広宣流布の決戦の幕《まく》を、いよいよ開《ひら》くのだ。われは立つ」。池田先生への限りない感謝を胸《むね》に、弟子として「世界青年学会」の幕を開くことを固《かた》く誓う。学会の魂《たましい》は永遠に「師弟」である。

師弟の道を離《はな》れて仏法はない

2023年11月20日(月)

「戸田城聖先生の弟子」として、誰《だれ》よりも激《はげ》しく生き抜《ぬ》かれた。ゆえに、誰よりも人間を愛し、誰よりも妙法を弘《ひろ》め抜く、95年のご生涯《しょうがい》だった。

池田大作先生のご逝去《せいきょ》の報《ほう》に接《せっ》し、込《こ》み上げる悲しみも、報恩《ほうおん》感謝の念《ねん》も、言葉にならない。

世界一、厳格《げんかく》な師匠《ししょう》であり、世界一、優《やさ》しい師匠であられた。「教主釈尊《きょうしゅしゃくそん》の出世《しゅっせ》の本懐《ほんかい》は人の振《ふ》る舞《ま》いにて候《そうら》いけるぞ」(新1597・全1174)の御聖訓《ごせいくん》に秘《ひ》められた無限の価値《かち》を、人類史上初めて、国境を超《こ》えて花開《ひら》かせた。

「師弟とは、弟子の『自覚《じかく》』の問題です」と池田先生は語られた。「形式ではない。師匠に何回、会ったとか、そばにいるとか、幹部だとか、それは形式です。たとえ師匠から離《はな》れた地にいようとも、直接話したことがなくても、自分が弟子の『自覚』をもって、『師匠の言う通りに実行するのだ』と戦っていれば、それが師弟相対《そうたい》です」

また、「どんなに人知れず、陰《かげ》で働いていても、師匠の指導通りにやっているならば、師弟相対は深い」「師弟の道を離れて、仏法はないのです」とも。この指導は異体同心《いたいどうしん》で進むための羅針盤《らしんばん》であり、今こそ身で読みたい。

池田先生の弟子として取り組むべき戦いが、私たちの目の前に広がっている。

「池田先生と私」と題して語り合った座談会

2023年11月21日(火)

母親を亡《な》くした小学生が詩を書いた。母が亡くなり、毎日祈《いの》りをささげているという内容の詩は、全《すべ》ての行《ぎょう》が「お母さん」で始まっていた。

添削《てんさく》した教員は〝「お母さん」は1回だけでいい〟と指導した。その話を教員から聞いた、ある詩人は言った。「気がすむまで、何回でも、百万遍《ひゃくまんべん》でも、書かせてあげてください」(白井健策著『「天声人語」の七年』河出書房新社)と。文体を整《ととの》えるより、書き手の心を大事《だいじ》にしてほしいと訴《うった》えた。

創立《そうりつ》記念日の夜に開かれた、ある地区の座談会。予定の式次第を変更《へんこう》し、「池田先生と私」と題して、皆《みな》で語り合った。途中《とちゅう》で胸《むね》が詰《つ》まり、話が続かない人もいた。だが、皆が師への感謝と新たな決意を最後まで声にした。

会場には新来《しんらい》の壮年も参加していた。彼は「心の底《そこ》から慕《した》う師匠《ししょう》がいて、今後も誓《ちか》いの道を進むと宣言《せんげん》できる皆さんのような生き方が、私はうらやましい」と話し、入会を決意した。

魯迅《ろじん》の言葉に「革命家《かくめいか》が死んだら、毎年生きている多くの人々ににぎやかな集会を、それどころか歓喜《かんき》と鼓舞《こぶ》さえあたえる。革命家だけが、生きても死んでも、人々に幸福をあたえる」（増田渉訳）と。師と共《とも》に生きる人生の誇《ほこ》りと感謝を語るほどに、広宣流布は前進していく。

師への報恩《ほうおん》胸《むね》に――「中部青年訪中団《ほうちゅうだん》」

2023年11月22日(水)

17日から中国を訪《おとず》れている「中部青年訪中団《ほうちゅうだん》」。2日目、池田大作先生が霊山《りょうぜん》へ旅立たれたことが、団員に伝えられた。

大学生や20代、30代の男女を中心に構成された同団。皆《みな》、突然《とつぜん》の報《ほう》に衝撃《しょうげき》を隠《かく》せない。思わず涙《なみだ》ぐむ青年もいた。やがて、訪中団を乗せたバスは北京大学に到着《とうちゃく》する。同大学での交流会が控《ひか》えていた。

団員たちは声をかけ合った。「今この時、中国に来た私たちの使命は何か」「絶対に訪中を大成功させよう」。池田先生は命懸《いのちが》けで日中友好に尽《つ》くしてきた。師の行動に続くことこそ、私たちが今しなければならないこと――一人一人が師への報恩《ほうおん》を胸《むね》に、中国の学生との懇談《こんだん》に臨《のぞ》んだ。

交流を終え、同大学外国語学院の潘鈞《はんきん》教授が静かに語った。「ずっと大切にしている一枚の写真があります」。2004年、創価大学の交換《こうかん》教員として創立者と共に撮影《さつえい》した記念写真。「中国の大恩人《だいおんじん》である先生にお目にかかった際《さい》の感動が、学会の皆さんとお会いして、鮮《あざ》やかによみがえりました」

日中間に友好の「金《きん》の橋」を架《か》けるという、アジアの現代史に残る壮《そう》挙《きょ》を成《な》し遂《と》げた池田先生。後継《こうけい》の青年がその橋を往来《おうらい》し、友誼《ゆうぎ》を育《はぐく》み続ける限り、師の平和の魂《たましい》は、世界の未来を永遠に照《て》らし続ける。

共戦の旅路《たびじ》は未来へと続く

2023年11月23日(木・祝)

恩師・戸田城聖先生の告別式《こくべつしき》が営《いとな》まれた1958年4月8日、池田大作先生は日記に記《しる》した。「悲しい、くやしい。『在在諸仏土常与師倶生《ざいざいしょぶつどじょうよしくしょう》』のご金言《きんげん》をかみしめる」「厳《きび》しい父であり、やさしい父であり、今日の私あるは、全部、恩師の力《ちから》である」

戸田先生を失《うしな》った心痛《しんつう》は測《はか》るべくもない。だが、不二《ふに》の師弟は生死《しょうじ》を超《こ》えて一体となり、池田先生は一人立ち上がった。「戦おう。師の偉大《いだい》さを、世界に証明するために」(4月29日)、「私の闘争《とうそう》は始まる。先生、ご照覧《しょうらん》を。祈《いの》る、加護《かご》を。正義のわれを」（5月12日）と。

「在在諸仏土常与師倶生」――法華経では、師と弟子が常《つね》に同じ仏国土《ぶっこくど》に生まれ、共に仏法を行《ぎょう》ずると説《と》く。師弟の絆《きずな》は永遠であり、自分のいる「今」「ここ」が師の偉大さを宣揚《せんよう》する弟子の本舞台《ほんぶたい》だ。共戦の旅路《たびじ》は未来へと続く。

世界の池田門下の新たな出発の日となった2023年11月18日。そしてきょう、新生の弟子の儀式《ぎしき》となる「創価学会葬《そう》」が厳粛《げんしゅく》に執《と》り行《おこな》われる。

「私の夢は、戸田先生の夢を実現することです」。かつて未来部の友からの質問に、こう答えた池田先生。悲しみも悔《くや》しさも全て抱《だ》き締《し》めて、我《われ》らは前へ進む。師弟の夢の「世界広布」へ、同志と共に、永遠に先生と共に。

未来部員が語った
池田先生との約束

2023年11月24日(金)

決意あふれる学会歌の合唱が、にぎやかに響《ひび》いた創立《そうりつ》記念の座談会だった。幼稚園《ようちえん》に通《かよ》うメンバーが元気に立ち上がり、大きな声で皆《みな》と歌い始める一こまも。未来の宝《たから》のはつらつとした姿《すがた》に、皆が拍手を送った。

座談会で、ある女性部員が、こんなエピソードを語った。彼女には「富士少年希望少女合唱団」に所属する息子がいる。先週末、息子が練習から帰宅《きたく》すると、「フォーエバー・センセイ」を歌い始めた。学会歌「今日も元気で」の英語版である。

「なぜ歌っているの?」と母が尋《たず》ねると、彼はこう答えた。「今こそ僕《ぼく》たちの歌声で、世界の人たち、みんなを元気にするんだ。それが、池田先生と約束した僕たちの使命なんだ」

学会の各種グループや方面には、師弟の思いが詰《つ》まった数々の学会歌がある。「紅《くれない》の歌」など、同志が作った歌詞《かし》に先生が何度も推敲《すいこう》を重《かさ》ね、筆を加えて完成となった歌も多い。「誓《ちか》いの青年《きみ》よ」は、先生がつづられた歌詞に、音楽隊の有志が曲を付けた〝師弟合作《がっさく》の歌〟だ。一曲一曲に、師への感謝が込《こ》み上げる。

池田先生は語った。「学会歌を朗《ほが》らかに歌い進む時、師弟共戦の足音は勝利へ勝利へと高鳴《たかな》る」と。師弟の学会歌を高らかに歌いながら、スクラム固《かた》く前進しよう。

世界宗教《しゅうきょう》として飛翔《ひしょう》する創価学会

2023年11月25日(土)

30歳を目前にした若《わか》き日の池田先生は、日記につづった。「(戸田)先生と共《とも》に戦い、進み、生きぬくこと以外に、私の人生はない。師ありて、われあるを知る」(1957年12月4日)と。

池田先生ご逝去《せいきょ》の報《ほう》に接《せっ》した後《あと》の、ある地区の座談会。師との思い出が語り合われた。同志の数だけ、共戦と蘇生《そせい》の歩《あゆ》みがあった。全国の座談会も同じであったに違《ちが》いない。列島の北から南まで、そして世界の隅々《すみずみ》まで届《とど》いた池田先生の励《はげ》まし。歴史上、これほど多くの人を勇気づけてきた指導者がいるだろうか。

「私を頼《たよ》るのではなく、君たちが全責任をもって、やる時代である」
――2010年6月、池田先生は、後事《こうじ》の一切《いっさい》を弟子たちに託《たく》した。あの時から今日までの日々は、学会の永遠性の確立のための〝予行演習〟であったように思える。

この間《かん》、学会は「会則」の教義条項《じょうこう》の改正、「勤行要典《ごんぎょうようてん》」や「会憲《かいけん》」の制定など、世界宗教《しゅうきょう》として飛翔《ひしょう》するための基盤《きばん》を整えてきた。常《つね》に見守り続けてくださった世界一の師匠《ししょう》に、改《あらた》めて感謝申し上げたい。

学会は7年ごとに広布前進のリズムを刻《きざ》んできた。7年後の学会創立《そうりつ》100周年となる2030年の「11・18」へ、池田門下生の誉《ほま》れを胸《むね》に、新たな師弟旅に出発しよう。

師弟《してい》の誓願《せいがん》に生きる福徳《ふくとく》は三世永遠

2023年11月26日(日)

両親を早くに亡《な》くし、姉妹は互《たが》いに励《はげ》まし合いながら生きてきた。妹は、池田先生が高等部に贈《おく》った指針《ししん》「鳳雛《ほうすう》よ未来に羽《は》ばたけ」を胸《むね》に、フランスへ。姉も海外に渡《わた》った。

1989年6月、がんを患《わずら》った姉は、フランスで師との出会いを刻《きざ》む。先生は励ましを送り、会合で「永遠の生命」について語った。〝仏法では、信心を貫《つらぬ》けばいつでも、好きな所に、好きな姿《すがた》で生まれることができると説《と》く〟〝乗《の》り越《こ》えられない悩《なや》みはない。変毒為薬《へんどくいやく》できない苦難《くなん》もない〟

先生が帰国した翌日《よくじつ》、姉は霊山《りょうぜん》へ。最愛の姉を失《うしな》い、妹の心にはぽっかりと穴《あな》が空いた。だが、唱題を重《かさ》ねて3カ月が過ぎた頃《ころ》、「永遠の生命」に関する先生の指導が、スッと心の中に入ってきた。妹は〝姉はすでに新たな使命に生きているに違《ちが》いない。私も生まれ変わった気持ちで頑張《がんば》ろう〟と決意する。

2年後の91年、フランスを訪問《ほうもん》した先生は、妹を温かく激励《げきれい》。「覚えているよ。お姉さんのこと、毎日祈《いの》っているよ」。そして別れ際《ぎわ》、「では、永遠に」と。この言葉に、妹は〝永遠に、先生の弟子として生き抜《ぬ》こう!〟と誓《ちか》った。

師弟の誓願《せいがん》に生きる福徳《ふくとく》は三世永遠である。日々、胸中《きょうちゅう》の師と対話しながら、わが生命の黄金譜《おうごんふ》をつづろう。

一音一音に報恩《ほうおん》感謝の思いを込めて

2023年11月27日(月)

創価学会葬《そう》が中継《ちゅうけい》された都内のある会館でのこと。参列した一人の壮年が、会場に流れる「森ケ《もりが》崎《さき》海岸」「厚田村《あつたむら》」などの学会歌の音色《ねいろ》に合わせ、目を赤くしながら力強《ちからづよ》く歌詞《かし》を口《くち》ずさんでいた。

この音源《おんげん》は、池田先生の訃報《ふほう》に接《せっ》し、音楽隊の創価グロリア吹奏楽団《すいそうがくだん》と関西吹奏楽団がそれぞれ演奏《えんそう》して録音したもの。「私たちの池田先生への誓《ちか》いを、演奏を通《とお》して参列者の皆《みな》さまに届《とど》けさせてください」と志願《しがん》して実現した収録《しゅうろく》だった。

〝同志に希望と勇気を送る〟との師に託《たく》された音楽隊の使命を皆で確認《かくにん》。曲に息《いき》づく師匠《ししょう》の足跡《そくせき》をしのびながら、一音一音に感謝の思いを込《こ》めた。

師への報恩《ほうおん》を自《みずか》らの行動で示そうとした友が全国にいる。学会葬が中継された各地の会館には、池田先生と歩《あゆ》んだ壮年部や女性部の同志らと共《とも》に、創価班や牙城会をはじめ、毅然《きぜん》と無事故の運営を担《にな》った後継《こうけい》の友の姿《すがた》があった。先の会館では、初めて創価班の任務《にんむ》に就《つ》いた孫《まご》の姿に、〝こんなに立派《りっぱ》になって〟と涙《なみだ》ぐむ多宝会《たほうかい》の友も。

徹底《てってい》して一人を励《はげ》まし、時に詩歌《しいか》や写真で、時にピアノ演奏で限りない勇気を送り続けた池田先生。その偉大《いだい》な行動に連《つら》なる次代を担う若《わか》き地涌《じゆ》の人材が今、世界で陸続と立ち上がっている。

富士の威容《いよう》に込《こ》み上げた感動と感謝

2023年11月28日（火）

19日に掲載《けいさい》予定だった小欄変更《しょうらんへんこう》の連絡があったのは18日だった。その時、池田先生のご逝去《せいきょ》を知った。〝何をどう書けばいいのか〟と戸惑《とまど》ったまま、電車で信濃町に向かった。「報恩《ほうおん》」が思い浮《う》かぶ。しかし、言葉に気持ちが入らない。

ふと、車窓《しゃそう》に目を向けた。思わず声を上げそうになった。快晴の青空に、富士が見えた。白雪をまとった王者の威容《いよう》。山頂《さんちょう》は烈風《れっぷう》が吹《ふ》き荒《あ》れているに違《ちが》いない。それでも泰然《たいぜん》とそびえ立つ雄姿《ゆうし》が、池田先生と重《かさ》なり、感動と感謝が込《こ》み上げる。〝富士〟に励《はげ》まされ、「報恩」に魂《たましい》が入ったように思えた。

池田先生は折々《おりおり》に富士を詠《よ》み、富士を撮《と》り、富士を通《とお》して励ましを送ってきた。40年前、関西創価小学校を訪《おとず》れた時、3年生の教室に足を運んだ。先生は、黒板に富士の絵を描《えが》いた。〝一緒《いっしょ》に「王者の山」を登ろう〟との願いを託《たく》して——。

富士は古来《こらい》、「不死」「不尽」、そして「不二」とも書いた。胸中《きょうちゅう》に師を抱《いだ》き、師への誓《ちか》いを果《は》たそうと行動する中に、師弟の精神は脈動《みゃくどう》し、いかなる烈風にも揺《ゆ》るがない〝王者の境涯《きょうがい》〟が開《ひら》かれる。

先生は詠んだ。「富士の山　君《きみ》もかくあれ　師弟不二《ふに》」。不二の旅路《たびじ》を、きょうも力強《ちからづよ》く。師は富士のごとく、わが戦いをじっと見守っている。

「師弟の信心」という強く深い根《ね》っこ

2023年11月29日(水)

新潟で見た、樹齢《じゅれい》千年を超《こ》える大スギの雄姿《ゆうし》に圧倒《あっとう》された。高さ約30メートル、幹《みき》の周囲も10メートルを超える。大木を仰《あお》ぐ大人が子どものように見えた。

「樹齢約八万年といわれる樹木《じゅもく》の森」がある。米ユタ州のフィッシュレイク国立森林公園にあるカロリナポプラ（アメリカヤマナラシ）という樹木の森。木の数4万本以上。ただ、目にできる木の樹齢は200年ほど。では「樹齢約八万年」とは何だろう？

この樹木群を支える〝巨大《きょだい》な一つの根《ね》っこ〟が

生きている時間というから驚《おどろ》く。植物学者の田中修さんの著書『植物のいのち』（中公新書）で知った。この根は東京ドーム9個分を超える約43ヘクタールの面積に広がり、重さは6000トンに及《およ》ぶ。「地上部の樹木が枯《か》れても、また根から新しい樹木が出てきます」

まさに「根ふかければ枝《えだ》しげし」（新261・全329）。「根」という言葉には「根本《こんぽん》」「根源《こんげん》」「もと」という意味がある。人間も根っこがなければ根無し草の人生になる。その根っこが宗教。宗教の「宗」とは根本ということで、人生の根本を教えるのが宗教にほかならない。

「師弟の信心」という強く深い根っこがある限り、幸福と勝利輝《かがや》く人生の大樹に必ずなる。それを証明するのが、われらの生き方だ。

ロマン・ロランの「人生の師」

2023年11月30日(木)

アメリカ・ルネサンスの思想を形成したエマソンとソローなど、人類史に刻《きざ》まれる偉業《いぎょう》の源泉《げんせん》には「師弟の絆《きずな》」がある。

20世紀を代表するフランスのノーベル賞作家ロマン・ロランは、スイス滞在《たいざい》中に第1次世界大戦が勃発《ぼっぱつ》すると、絶対平和主義の立場から戦争に反対する。母国から非難《ひなん》を浴《あ》びた彼は、スイスで亡命《ぼうめい》生活を送る逆境に立たされるが、反戦を主張し続けた。2度目の世界大戦が近づく中では、反ファシズム運動の先頭にも立った。この〝ペンの闘士《とうし》〟が「人生の師」と仰《あお》いだのが、ベートーベンだ。

彼はベートーベン逝去《せいきょ》の39年後に誕生《たんじょう》。青春時代、楽聖《がくせい》の調べに〝平和への魂《たましい》〟を感じた。「生の虚無感《きょむかん》を通過した危機《きき》に、私の内部に無限の生の火を点《とも》してくれたのはベートーヴェンの音楽であった」（片山敏彦訳）。

彼は終生、ベートーベンの音楽を研究し、その人生にインスピレーションを受けた大河小説『ジャン・クリストフ』等の名作を残した。

ロランは語っている。「ベートーヴェンの意志と信仰《しんこう》との大海にひたることは、いいがたい幸《さいわ》いの賜《たま》ものである。彼から、勇気と、たたかい努力することの幸福」を学んだ、と。

「師弟の絆」は時を超《こ》える。創価の師弟もまた、広布の歩みを続ける限り、その魂の絆は永遠である。

第2章

2023年4月〜6月

●「創価学会母の日」制定35周年（5・3）
- 日銀新総裁に植田和男氏就任（4・9）
- 新型コロナウイルス感染症の感染症法上の分類が「5類」に引き下げ（5・8）
- 広島市で先進7か国首脳会議（G7サミット）が開催（5・19 〜 21）
- 株、東京株式市場で33年ぶりに3万3000円超（6・13）
- 性的少数者への理解増進法（LGBT法）が成立（6・16）

師の偉大《いだい》さが伝わるかは弟子の戦いで決まる

2023年4月2日(日)

ソクラテスが無実の罪《つみ》で告発され刑死《けいし》したのは、弟子プラトンが28歳の時のこと。その後、80歳で亡《な》くなるまでのプラトンの約50年の人生は、ソクラテスの正義を証明する戦いでもあった。

ソクラテスは一冊《いっさつ》も書物《しょもつ》を残さなかった。彼の思想を著作《ちょさく》に残したのは、プラトンだ。『ソクラテスの弁明』（岩波文庫）を訳《やく》した久保勉《まさる》氏は、プラトンについて「師の偉大《いだい》なる人格と精神との本質を完全に理解し尊重《そんちょう》し且《か》つ表現し得《え》た」（現代表記に改《あらた》めた）と。

約2400年の時を経《へ》た今も、ソクラテスの思想は決して色あせることはない。時を超《こ》えてなお、師の偉大さが伝わるかは、弟子の戦いで決まる——プラトンの生涯《しょうがい》は、その普遍《ふへん》の真理を教えている。

池田先生が戸田先生の伝記小説『人間革命』の執筆《しっぴつ》を発表したのは、恩師の七回忌《かいき》法要の席上である。恩師の逝去《せいきょ》の時、見下《みくだ》すように報じる新聞もあった。民衆救済《みんしゅうきゅうさい》と青年育成に命を懸《か》けた恩師の真実を、池田先生は余すところなく書き、世界に宣揚《せんよう》してきた。

『人間革命』の「あとがき」に池田先生は記《しる》した。「創価桜の大道を行く私の胸《むね》のなかに、（戸田）先生は今も生き続けている」。心に師を抱《いだ》き、誓《ちか》い新たに共戦の旅路《たびじ》を出発する「4・2」としたい。

「氷川丸《ひかわまる》」で海を渡《わた》った青年たち

2023年4月7日(金)

横浜の山下公園に係留《けいりゅう》されている貨客船「氷川《ひかわ》丸《まる》」は、1930年に誕生《たんじょう》した。日本と米シアトルを結び、60年までの約30年間で、太平洋横断《おうだん》は250回を超えた。

日米交流の動脈《どうみゃく》を担《にな》うが、太平洋戦争で航路《こうろ》休止。病院船等に役割《やくわり》を変えた後、シアトル航路に復帰したのは53年だった。そこに乗船していたのが第1回のフルブライト留学生。米国の上院議員フルブライトが考案した交換《こうかん》留学制度を活用して、7年間で約2500人の青年が氷川丸で海を渡《わた》った。

フルブライトが若者《わかもの》の留学を支援《しえん》する法案を提出したきっかけは広島・長崎への原爆《げんばく》投下だった。相手の言葉を話し、歴史や文化を知り、人々と友情を育《はぐく》む。それが、核兵器《かくへいき》など二度と使わない時代をつくると、彼は考えた。

人と人が心を結ぶ。その友情の糸《いと》が幾重《いくえ》にも重《かさ》なり合って、太い束《たば》になる。それが国家間の友好の基盤《きばん》をつくる。ゆえに学会は、人間主義を根本《こんぽん》とした平和主義、文化主義、教育主義の行動を貫《つらぬ》いてきた。

国連事務次長を務《つと》めた明石康《あかしやすし》氏は、氷川丸に乗船して米国へ留学した一人。氏は池田先生との対談で、社会変革《へんかく》のためには「たくましい精神」が大切と語った。平和と安穏《あんのん》を築く立正安国《りっしょうあんこく》の挑戦《ちょうせん》を、不屈《ふくつ》の精神で貫こう。

埼玉・伊奈《いな》町の町名の由来《ゆらい》となった人物

2023年4月8日(土)

水を治《おさ》める者は国を治める——。古来《こらい》、天下太平《てんかたいへい》のために治水《ちすい》は重要な事業だった。

徳川家康が江戸に入城した1590年、利根川をはじめ河川《かせん》の洪水《こうずい》に民《たみ》は苦しんでいた。大雨のたびに浸水《しんすい》し、農作物も育たない。江戸の繁栄《はんえい》には河川の整備が不可欠。その陣頭指揮《じんとうしき》を執《と》ったのが、家康の家臣で代官頭《だいかんがしら》の伊奈忠次《いなただつぐ》である。彼が陣屋《じんや》を構《かま》えたのは現在の埼玉・伊奈町。町名は彼の名に由来《ゆらい》し、町のホームページにもその功績《こうせき》が映像《えいぞう》等で紹介《しょうかい》されている。

人々を水害から守り、安心して暮《く》らせる世にしたい――。忠次は新田開発《しんでん》に努《つと》め、民と力《ちから》を合わせ、湿地帯《しっちたい》を耕作地《こうさくち》に変えていった。さらに利根川の川筋《かわすじ》を東に移《うつ》す、大規模《だいきぼ》な治水工事に取り組む。病《やまい》でこの世を去った後も、遺志《いし》は次男の忠治《ただはる》に継《つ》がれ、関東は一大穀倉《こくそう》地帯に変貌《へんぼう》。百万都市・江戸の礎《いしずえ》が築かれた。

50年前の9月12日、伊奈町に隣接《りんせつ》する上尾《あげお》市で行われた埼玉県幹部総会。池田先生は利根川治水の史実《しじつ》に触《ふ》れつつ、「忍耐《にんたい》と勇気と明朗《めいろう》さをもって、雄々《おお》しく自分自身の人間革命の歴史を」と訴《うった》えた。

世紀の大偉業《だいいぎょう》も、全身全霊《ぜんしんぜんれい》をかけた一つ一つの前進の積《つ》み重《かさ》ねの上に成《な》し遂《と》げられる。今日という一日を全力で！　凱歌《がいか》の5月3日を目指して。

一人の青年の熱情から生まれた革命《かくめい》の歌

2023年4月9日(日)

フランス革命《かくめい》の激動期《げきどうき》にあった231年前の4月、一つの歌が誕生《たんじょう》した。「ライン軍のための軍歌」。31歳の青年将校《しょうこう》ルジェ・ド・リールがたった一晩《ひとばん》で作り上げた、後《のち》のフランス国歌「ラ・マルセイエーズ」である。

オーストリアとの開戦直後、彼は義勇兵《ぎゆうへい》を活気《かっき》づけるために筆《ふで》を執《と》った。〝祖国と自由への愛を謳《うた》い、英雄的な勇気を持って敵に立ち向かえる、新しい歌が必要だ〟――一人の青年の熱情から生まれた革命の歌は、民衆《みんしゅう》の心を鼓舞《こぶ》し、瞬《また》く間《ま》に全土へと広がっていった（吉田進著『ラ・マルセイエーズ物語』中公新書）。

池田先生が第3代会長に就任《しゅうにん》する時、力強《ちからづよ》い響《ひび》きの歌が全国の同志に歌われ始めた。〽威風堂々《いふうどうどう》と　信行《しんぎょう》たてて　進む我《われ》らの　確信ここに……。京都からわき起こり、澎湃《ほうはい》として日本中に轟《とどろ》きわたった「威風堂々の歌」である。

その波及《はきゅう》は「ラ・マルセイエーズ」と同じようだったと、先生はつづった。「上から作って、これを歌えというのではなく、自然のうちに、第一線から盛《も》り上《あ》がって歌える歌は、人間の共感を呼《よ》ぶ」とも。

時代が動き、歴史が変わる時、そこには必ず歌がある。さあ、きょうも友のもとへ、同志の中へ！　心に学会歌を響かせ、広布へ前進また前進！

900号を数えた「創価新報」

2023年4月19日(水)

「ふさわしい時に語られた言葉は、言葉が不要な時に沈黙《ちんもく》を守るのと同じく黄金《おうごん》である」。これは、国際連盟《れんめい》事務次長を務《つと》めた新渡戸稲造《にとべいなぞう》の言葉(佐藤全弘訳)。

姉妹紙「創価新報」が4月19日号で900号となった。淵源《えんげん》は、1963年に創刊《そうかん》された学生部の機関紙「学生ジャーナル」。その後、「学園ジャーナル」「大学新報」となり、83年1月1日号から青年部の機関紙に拡充《かくじゅう》。今年は発刊40周年、学生ジャーナルから数《かぞ》えると60年の歴史を刻《きざ》む。

創価新報が誕生《たんじょう》した83年といえば、創価の師弟を断《た》ち切《き》ろうとした第1次宗門《しゅうもん》事件の余《よ》じんがくすぶり、正義の反転《はんてん》攻勢《こうせい》のさなかだった。広宣流布は言論戦《げんろんせん》であり、新しい言論から新しい躍進《やくしん》が始まる。青年の師子吼《ししく》を発信する同紙は反転攻勢の力《ちから》となり、広布前進のエンジンとなった。

仏法の根幹《こんかん》は「師弟《してい》」である。池田先生は仏法を社会に開《ひら》き、広宣流布を進めることを円運動の遠心力《えんしんりょく》に例《たと》え、こう強調する。「その遠心力が強くなればなるほど、仏法への強い求心力《きゅうしんりょく》が必要になる。この求心力の中心こそが、師弟不二《ふに》の精神」と。

師匠《ししょう》と弟子のギアががっちりかみ合った時、広布拡大は加速度を増《ま》す。どこまでも師弟不二の精神で、凱歌《がいか》の歴史をつづりたい。

きょう本紙創刊《そうかん》72周年

2023年4月20日(木)

九谷焼《くたにやき》、加賀友禅《ゆうぜん》など伝統工芸が盛《さか》んな石川県。都道府県別の〝人間国宝《こくほう》〟の数は、人口100万人当たりで比較《ひかく》すると日本一の多さだ。

なぜ、これほどの栄華《えいが》を築けたのか。ある識者は①江戸時代、加賀藩《はん》では工芸に意識の高い需要《じゅよう》層《そう》が町人階級に多くいた②まねできない高度な技があった、と指摘《してき》する（北國新聞社編集局編著『風景工芸王国』時鐘舎）。必要とする人々がいること。それに応《こた》えて、他の追随《ついずい》を許《ゆる》さぬものを生み出し続ける努力と執念《しゅうねん》。事業が永続し、発展《はってん》していくための鍵《かぎ》がここにある。

きょうは本紙の創刊《そうかん》記念日。72周年を刻《きざ》む。創刊に対する恩師の思いを池田先生は記《しる》している。「戸田先生は心に期《き》しておられた。——庶民《しょみん》が、自分たちの新聞を掲《かか》げて、幸福と勝利の哲学《てつがく》を楽しく語り合える日を！」

また、米ハーバード大学名誉教授のモンゴメリー博士は語った。「創価学会は聖教新聞を通して、自《みずか》らの価値観を内に保持するだけでなく、それを社会に提供《ていきょう》し、共有財産としようとしているところに、ユニークさがある」と。

人間は幸福を求めている。その熱願《ねつがん》に応え、本紙は最高無二《むに》の生命哲学を発信してきた。戸田先生と池田先生が敷《し》いた、この確かな軌道《きどう》のままに一層《いっそう》の精進《しょうじん》を誓《ちか》う。

大谷選手が
ＷＢＣ決勝前に放《はな》った一言

2023年4月23日(日)

「僕《ぼく》らは、きょう超《こ》えるために、トップになるために来たので、きょう1日だけは彼らへの憧《あこが》れを捨《す》てて勝つことだけ考えていきましょう」。ＷＢＣの最優秀《さいゆうしゅう》選手に輝《かがや》いた大谷翔平《しょうへい》選手が、アメリカとの決勝前に放《はな》った一言だ。

ＮＨＫがＨＰ《ホームページ》で紹介《しょうかい》する「大谷語録《ごろく》」に触《ふ》れると、彼は「心で勝った」選手だと思った。まず、自分の一念で勝ち、ひとたびプレーするや最大限の力《ちから》を出し切る。「自分が今出せる１００％をしっかりと試合の中で出せるというのが、チームにとっても一番大事」との言葉もあった。

御書に「自身の思いを声にあらわすことあり。されば、意《こころ》が声とあらわる（中略）また声を聞いて心を知る」（新663・全469）と。言葉は人なり。声は人なり。大谷選手の発言は、大谷選手にしかできないものだったといえよう。

常勝将軍《しょうぐん》ナポレオンが語る不滅《ふめつ》の真理がある。「塹壕《ざんごう》の中にとどまっている方《ほう》が負ける」（長塚隆二訳）。心が受け身になり、「守り」になれば、前進は止まる。心から受け身を追い出し、「攻《せ》め」に徹《てっ》すれば、限界の壁《かべ》は必ず越《こ》えられる。

勝敗はまず、一念の中で決する。一念の「念」は「今の心」――心に「勝利」の二字を刻《きざ》み付《つ》け、最後まで「攻め」の前進を貫《つらぬ》こう。

木の履歴書《りれきしょ》

2023年4月25日(火)

「木」にも履歴書《りれきしょ》があると、作家の幸田文《こうだあや》は言った。年齢《ねんれい》はいくつか、どんな種類の苦労があったのか。それは、全《すべ》て「木自身のからだに書かれている」。

日照を阻害《そがい》されている木は、太陽の光を得《え》ようとして傾《かたむ》く。ねじれ、こぶを付けた木は一見《いっけん》いびつである。だが、曲《ま》がるからこそ外見の変形だけでなく、内側の組織が硬《かた》く変質し、強い抵抗力《ていこうりょく》が付く。ゆえに「木は折《お》れも倒《たお》れもせずに生きてきた」と、彼女は語る(『幸田文全集第19巻』岩波書店)。

妻がステージ4の悪性リンパ腫《しゅ》と診断《しんだん》された壮

年部員。「ごめん」と泣く妻を前に、現実を受け入れられなかった。翌朝、聖教新聞の言葉が目に留《と》まった。「『病魔《びょうま》を全て叩《たた》き出《だ》す！』そう強く深く祈《いの》るのだ」

毎日、夫婦で真剣に祈り抜いた。そして苦しい投薬治療《ちりょう》の末《すえ》、がん細《さい》胞《ぼう》は消滅《しょうめつ》。本年2月、妻は職場復帰《ふっき》を果《は》たした。「紆余曲折《うよきょくせつ》の歳月《さいげつ》が信心を強くしてくれました」――壮年は笑顔で語っていた。

池田先生は「目には見えないが、木は毎日、生長している。私どもの唱題も、目には見えないが毎日、自分自身を福運の大木へと育てている」と。誰《だれ》が見ていなくても、冥《みょう》の照覧《しょうらん》を信じて祈り抜く。この不屈《ふくつ》の信心が、しなやかで強い自分をつくる。

近代植物分類学《ぶんるいがく》の礎《いしずえ》を築いた牧野富太郎《とみたろう》博士

2023年4月28日(金)

今月から始まったNHKの連続テレビ小説「らんまん」。主人公のモデルは「日本植物学の父」牧野富太郎《とみたろう》博士だ。

博士は、小学校を2年で自主退学。大好きな植物の知識を独学《どくがく》で身に付け、学者も驚《おどろ》くほど精巧《せいこう》な独自の植物図を考案《こうあん》する。生涯《しょうがい》で命名した植物は1500種《しゅ》以上。嫉妬《しっと》や経済苦《けいざいく》などの困難《こんなん》をはねのけ、近代植物分類学《ぶんるいがく》の礎《いしずえ》を築いた。

愛媛県のある壮年は高校中退後、電気事業に従事《じゅうじ》。その傍《かたわ》ら、幼《おさな》い頃《ころ》から関心があった自然エネルギーの研究に励《はげ》んだ。だが20代の時、研究に失敗し負債《ふさい》が発生。周囲からは嘲笑《ちょうしょう》され、〝成果が出るかも分からない研究を続ける意味はあるのか〟と悩《なや》んだ。

再起の力《ちから》になったのは〝闇《やみ》が深いほど夜明けは近い〟との師の指針《ししん》。祈《いの》り抜《ぬ》き、〝この研究こそ自分の使命だ〟と腹《はら》を決めた。やがて、独自の浮力《ふりょく》発電技術で特許《とっきょ》を取得。研究開始から30年以上がたった今春、その技術を生かした事業提案が、ビジネスコンテストで最優秀賞《さいゆうしゅうしょう》に。実用化へ向けた支援《しえん》が決定した。

限りある人生を何に懸《か》けるのか――使命を自覚した人間の力は偉大《いだい》である。その自覚が、風雪を乗《の》り越《こ》える忍耐《にんたい》や、努力を持続するエネルギーを生み出し続ける。人生を決めるのは自分自身である。

漫画家《まんがか》・松本零士《れいじ》氏が大切にしたもの

2023年5月1日(月)

SF《エスエフ》アニメの巨匠《きょしょう》である故・松本零士《れいじ》氏が漫画《まんが》家《か》を夢見たのは7歳の頃《ころ》。終戦間《ま》もない当時、進《しん》駐軍《ちゅうぐん》が捨《す》てたゴミの中から映写機《えいしゃき》やフィルムを見つけて修復し、本場《ほんば》米国の映画《えいが》を見ることを何よりの楽しみとした。

松本少年にとって、〝ゴミの山〟は〝宝《たから》の山〟だった。目に焼き付けた映画は、後の創作《そうさく》活動の財産になったという。

苦境《くきょう》の幼少期《ようしょうき》を過《す》ごした氏は終生、夢を大切にした。「子供《こども》時代からの夢である『火星に行くこと』を諦《あきら》めていません」と語ったのは80歳の時。

夢を実現するために努力した時間は裏切《うらぎ》らないと、若者たちに訴《うった》え続けた（『君たちは夢をどうかなえるか』ＰＨＰ研究所）。

夢や目標を抱《いだ》くことは人間の特権《とっけん》だ。〝かなう・かなわない〟〝できる・できない〟ではなく、勇気をもって一歩を踏《ふ》み出《だ》す。その積み重ねは未来の宝となり、自分が努力した分、他人の努力の尊《とうと》さも分かるようになる。

新年度が始まって1カ月。新たな決意で出発するも、思うようにいかず悩《なや》む人もいるだろう。池田先生は、目標に向かって進む人は「全員が勝利者」と呼《よ》びかける。「なぜならば、真の勝利とは、〝最後に勝つ〟ことだからです」と。青年と共に青年の心で、大いなる理想に生きる人生を貫《つらぬ》いていきたい。

第3代会長就任式《しゅうにんしき》に出席した
ある企業役員が感動したこと

2023年5月3日(水・祝)

1960年5月3日、池田先生の会長就任式《しゅうにんしき》に、ある企業役員が招《まね》かれた。感銘《かんめい》を受けたことが二つあった。

電車で会場の日大講堂へ向かう。最寄《もよ》りの両国《りょうごく》駅《えき》には、整理・誘導《ゆうどう》役員が数多くいた。就任式に参加する旨《むね》を伝えると、丁寧《ていねい》に案内してくれた。当日の参加者は約2万人。安全な誘導を計画し、無事故で終えるのは簡単《かんたん》ではない。その「実行力」に、彼は感動した。

会場に着くと、受付の役員が礼儀正《れいぎただ》しく迎《むか》えた。その中に学会首脳《しゅのう》もいたことに、彼は再《ふたた》び感嘆《かんたん》した。「幹部が受付に身を運ぶのは、来会の機縁《きえん》の人を尊《とうと》び厚《あつ》く遇《ぐう》するという意。それは、およそ人間は何をさしおいても第一級に尊重《そんちょう》されるべきであるという心が表れたもの」と。

学会の目的は広宣流布である。だがそれは単に、勢力の拡大を意味しない。人間を「モノ化」し、ひいては大量死さえもたらした近代文明の宿命を見据《みす》えて、一人一人の生命を「宝塔《ほうとう》」と見る新たな人間主義を打ち立てることにある。

〝魂《たましい》は細部《さいぶ》に宿《やど》る〟というが、「5月3日」の人々の振る舞いの中に、一人を徹底《てってい》して大切にする学会精神は脈動《みゃくどう》していた。その伝統を築いたのは、池田先生である。この「心」を受《う》け継《つ》ぐ限《かぎ》り、我《われ》らの前進に行き詰《づ》まりはない。

トインビー博士と池田先生の対談完結から50年

2023年5月4日(木・祝)

「歴史は繰《く》り返《かえ》す」とは、古代ギリシャの歴史家ツキジデスの言葉。

トインビー博士は、この歴史研究の大先達《だいせんだつ》が紀元前5世紀の戦争について書いた本を、大学で講《こう》釈《しゃく》していた。時同《ときおな》じく第1次世界大戦が勃発《ぼっぱつ》した。その時、博士は〝今、私たちが経験しつつあることは、とうの昔、ツキジデスが経験したのと同じではないか〟と感じた。ここから、古代も近代も〝哲学的《てつがくてき》には同時代である〟との歴史観を持つようになったという。

社会が変わり、科学技術が進歩しても、人間の本質は変わらない。生老病死《しょうろうびょうし》の苦悩《くのう》からは誰《だれ》も逃《のが》れられない。見渡《みわた》せば為政者《いせいしゃ》のエゴの生命が引き起こす戦争はいまだやまず、民衆《みんしゅう》は塗炭《とたん》の苦しみの中にある。

確かに「歴史は繰り返す」のかもしれない。しかし、である。そうした歴史の法則をいくら論証《ろんしょう》しても、暴力《ぼうりょく》への忍従《にんじゅう》を強《し》いられる民衆の苦悩を救えるわけではない。

創価学会は、第2次大戦の荒廃《こうはい》の中から、仏法の立正安国《りっしょうあんこく》の信念を掲《かか》げ、世界に平和の光を届《とど》けるために立ち上がった。博士がその指導者である池田先生との対談を望《のぞ》んだ理由がここにあろう。対談完結から今月で50年。大学者の博士が、「行動の人」池田先生に託《たく》した人類融和《ゆうわ》の道を継《つ》ぐ誓《ちか》いを新たにしたい。

「ヤングケアラー」の心を軽くした出会い

2023年5月5日(金・祝)

〝約15人に1人〟——世話《せわ》をしている家族が「いる」と回答した小学6年生の割合《わりあい》だ（令和3年度、日本総合研究所調査）。家事や家族の世話などを日常的に担《にな》う子どもを指す「ヤングケアラー」。問題点の一つは、子どもが困難《こんなん》な状況《じょうきょう》を一人で抱《かか》え込《こ》み、結果として周囲の大人が察知《さっち》できないことだという。

自助《じじょ》グループ「静岡きょうだい会」代表の沖侑《ゆ》香里《かり》さんは、知的障《ちてきしょう》がいを伴《ともな》う難病《なんびょう》の妹に寄《よ》り添《そ》った経験を持つ。その妹との出来事をうなずきながら聞いてくれる相手に出会えた時、「初めて肩《かた》の力《ちから》が抜《ぬ》ける感覚を覚《おぼ》えました」と振《ふ》り返《かえ》る（『ヤングケアラー　わたしの語り』生活書院）。

悩《なや》みを共有し、共感することは〝君は一人じゃない〟と、メッセージを送ることとも言えるだろう。子どもを守るのは、家族だけでなく、地域社会の大人の責務である。

子どもの声にならない声を聞き取るために、池田先生は『何としても、この子を守ってあげたい』という愛情の深さ」が重要であると語った。

先月、子どもの権利《けんり》を守るための国内法「こども基本法」が施行《しこう》された。全《すべ》ての子どもたちが幸福に輝《かがや》く社会の実現へ――それを固く決意し合う「こどもの日」そして「創価学会後継者《こうけいしゃ》の日」でありたい。

希望を送る妙音菩薩《みょうおんぼさつ》——あすは「音楽隊の日」

2023年5月8日(月)

妙《たえ》なる音楽を奏《かな》でて人々に希望を送る妙音菩薩《みょうおんぼさつ》が、無限の智慧《ちえ》や自由自在の力《ちから》を得《え》られたのはなぜか。その理由について法華経《ほけきょう》では、過去世《かこせ》で仏に十万種の妓楽《ぎがく》と八万四千の宝《たから》の鉢《はち》を供養《くよう》したからであると明かされている。

御義口伝《おんぎくでん》に「『八万四千』とは、我《われ》らが八万四千の塵労《じんろう》である。それが南無妙法蓮華経と唱《とな》える時に八万四千の法門とあらわれる」(新1078・全775、通解)と仰《おお》せだ。広布のために尽《つ》くした労苦《ろうく》は、全《すべ》てが無量の智慧と功徳《くどく》になるのである。

ある壮年部員は小学生の時に難聴《なんちょう》を患《わずら》い、音が聞こえづらくなった。それでも中等部員になると、志願して山梨音楽隊の一員に。打楽器担当《たんとう》として、練習会場の壁《かべ》に手を置き、そこから伝わる振動《しんどう》で仲間の演奏《えんそう》を体感しながら、共鳴の和音《わおん》を奏でた。

そうして心技《しんぎ》を磨《みが》き続け、仲間と2度、吹奏楽《すいそうがく》コンクールの全国大会で熱演。「多くの苦労ができたおかげで、音楽隊員として大きな使命を果《は》たせた」と述懐《じゅっかい》する。

池田先生は音楽隊、鼓笛隊《こてきたい》、合唱団の友に呼《よ》びかける。「何より、うれしいのは、『妙音』の訓練のなかから、立派《りっぱ》に自分自身を人間革命した人材が育ってきたこと」だと。ここに創価の凱歌《がいか》の源《みなもと》がある。あすは「音楽隊の日」。

遠藤周作氏の〝大発見〟

2023年5月9日(火)

作家の遠藤周作氏は日常の中で、ふとあることに気が付いた。まるで「世紀の大発見のような気がして日記にそっと書きつけた」という。それは——どんな人も、自分の人生では主役であるが、他者の人生にとっては脇役《わきやく》である——ということだった。

この〝大発見〟以来、周囲への不平がこぼれそうな時も「この人のワキヤク、ワキヤク」とつぶやくように。すると、自《みずか》らの振《ふ》る舞《ま》いも自然と定《さだ》まるようになったという(『生き上手　死に上手』文春文庫)。

氏は脇役を「主役のそばにいて、主役のためにいる」存在《そんざい》と語る。つまり、どこまでも主役に光を当てる使命があるということだ。仏法が説《と》く利他《りた》の精神にも通《つう》ずるものを感じる。

日蓮大聖人は「人のために火をともせば、我《わ》がまえあきらかなるがごとし」（新2156・全1598）と仰《おお》せである。自分中心の狭《せま》い世界を破《やぶ》り、他者のために祈《いの》り、動くことで、自らの人生も境涯《きょうがい》も大きく広がっていく。「利他」と「自利《じり》」は一体である。

いつでもあなたのために、あなたのそばにいます――自らが家族や友人にとって大事な〝名脇役〟として、目の前の一人に心を尽《つ》くしていきたい。その時、自分が「主役」である自分自身の人生の新たな勝利劇《げき》も幕《まく》を開ける。

あすＧ７サミットが広島で開幕《かいまく》

2023年5月18日(木)

ある女性部員は応募《おうぼ》用紙の提出をためらった。被爆者《ひばくしゃ》の体験を語《かた》り継《つ》ぐ広島市の「被爆体験伝承《でんしょう》者《しゃ》」養成《ようせい》事業。夫の転勤《てんきん》で越《こ》してきた福岡県出身の自分に、語る資格があるのかと悩《なや》んだ。

それでも周囲から「垣根《かきね》をつくらないで」と背《せ》中《なか》を押《お》され、研修へ。聞き取った壮絶《そうぜつ》な体験を約1万字の原稿《げんこう》にまとめ、被爆者の記憶《きおく》を頼《たよ》りに、被爆後の苦悩の道筋《みちすじ》をたどった。昨年12月、初めての講話を。皆《みな》が熱心に聞いてくれた。今、彼女は「受け継ぐ思いが真剣《しんけん》であれば〝ヒロシマの心〟は伝えられる」と確信する。

小説『新・人間革命』の中で、数多くの平和提言を重《かさ》ねる山本伸一に幹部が尋《たず》ねる場面がある。「どうすれば、そのように次々と、事態の改善策《かいぜんさく》や改革《かいかく》のプランが浮《う》かぶのでしょうか」と。伸一は答えた。「真剣《しんけん》だからです。核兵器《かくへいき》の廃絶《はいぜつ》、戦争の絶滅《ぜつめつ》を、戸田先生の弟子として、わが責任と定《さだ》めているからです」（第22巻「命宝《みょうほう》」の章）

明19日には先進7カ国首脳《しゅのう》会議（G7サミット）が広島で開幕《かいまく》。数十年にわたる先生の提言の一つが実現する。

師の誓願《せいがん》をわが使命として弟子が立つ時、師弟の魂《たましい》は脈動《みゃくどう》し、大業《たいぎょう》への道が開《ひら》ける。平和への決定《けつじょう》した心はあるか——そう自《みずか》らに問《と》い、行動を続けたい。

ウクライナからの転校生とクラスメート

2023年5月20日(土)

先日、NHKのドキュメンタリー番組「マリヤと6年3組の仲間たち～愛知・ウクライナからの転校生～」を視聴《しちょう》した。言葉が通じない中、異国《いこく》の子どもたち同士が心を通《かよ》わせていく友情のドラマだ。

翻訳《ほんやく》アプリを使って話しかけ、優《やさ》しく寄《よ》り添《そ》い続けるクラスメート。その真心に応《こた》えようと、勇気を出して〝心の壁《かべ》〟を取《と》り払《はら》うウクライナの少女・マリヤ。「私はひとりぼっちじゃない」――1年後、卒業を前にクラス全員で撮《と》った集合写真の中心には、笑顔の彼女の姿《すがた》があった。

孤独《こどく》や不安を抱《かか》える友にとって、自分を〝分かろうとしてくれる人〟がいることが、どれほど心強いか。生まれや育ち、言葉が違《ちが》っても、相手を思う真心はいつか必ず通じるものだ。

「先生にとって、なにが一番大事なものですか」。海外の小学生からの質問に、池田先生は「友情」と答えた。「友情が広がったぶんだけ、友情が深まったぶんだけ、自分の人生が広くなり、深くなります。友情は喜びを二倍にし、悲しみを半分にしてくれます」と。

自分にしか励《はげ》ませない人がいる。自分にしか仏法を語れない人がいる。そう決めて、今日も友の中へ飛《と》び込《こ》もう。胸襟《きょうきん》を開《ひら》いた対話から、友情と平和の万波《ばんぱ》が広がることを信じて。

広島復興《ふっこう》の原動力《げんどうりょく》

2023年5月28日(日)

原爆《げんばく》によって全《すべ》てが灰《かい》じんに帰《き》した広島は「アイデンティティー（独自性）そのもの」が喪失《そうしつ》した。「一体、我々《われわれ》はどのような街《まち》を作りたいのか」。それが戦後に持ち上がった議題だった。

「観光都市」「文教都市」……。さまざまな意見が交《か》わされた末《すえ》の結論《けつろん》は「平和都市」。この「平和」というアイデンティティーが復興《ふっこう》への原動力《げんどうりょく》となり、広島は軍都から生まれ変わった（弓狩《ゆがり》匡純《まさずみ》著『平和の栖《すみか》』集英社クリエイティブ）。

昨年、初めて被爆《ひばく》体験を語った壮年部員がいる。

当時、「お国のために」と兵隊を志《こころざ》すも、爆心地《ばくしんち》から2キロの地点で被爆。爆風《ばくふう》で頭から流血《りゅうけつ》し、悲惨《ひさん》な光景《こうけい》を見たが、それを口《くち》にすることはなかった。

だが、昨今《さっこん》の世界情勢《じょうせい》の中、戦火におびえる子どもたちが過去の自分と重《かさ》なった。心境に変化が生まれ、「平和のために」と青年に体験を伝えるようになった。

池田先生はG7広島サミットへの提言で訴《うった》えた。「民衆《みんしゅう》の力《ちから》で『歴史のコース』を変え、『核兵器《かくへいき》のない世界』、そして『戦争のない世界』への道を切り開くことを、私は強く呼《よ》びかけたい」。「平和」という根本《こんぽん》目的に立ってこそ、危機《きき》から希望へ「歴史のコース」は変わる。壮年の心の変革《へんかく》は、それを教えてくれる。

6月は〝創価の女性の月〟

2023年5月31日(水)

政治的信条の対立によって、いがみ合う親族の男性たち。そんな彼らに、大きなおなかを抱《かか》えた妊婦《にんぷ》が叫《さけ》んだ。〝そんな暇《ひま》があれば家事を手伝って〟

来月公開される映画《えいが》「世界が引《ひ》き裂《さ》かれる時」のワンシーンだ。舞台《ぶたい》は2014年のウクライナ。軍事的緊張《きんちょう》が高まる中、小さな農村で懸命《けんめい》に生きる女性の姿《すがた》を描《えが》いた。

メガホンを取ったのは、ウクライナ出身のマリナ・エル・ゴルバチ氏。「家庭生活を続けようとする生存本能《せいぞんほんのう》は、戦争よりも強い」との信念を語っている。

その言葉は、フランス革命《かくめい》後の権力闘争《けんりょくとうそう》をテーマにしたユゴーの『九十三年』の一場面を想起《そうき》させる。子ども連れの母親に、軍人が〝どっちの味方だ？〟と問《と》い詰《つ》める。すると、母親はこう答えた。「あたしは子《こ》供《ども》たちについてるんです」（辻昶《とおる》訳）。軍人は口《くち》をつぐんだ。

分断《ぶんだん》と対立の闇《やみ》を、結合《けつごう》と協調の光《ひかり》へと転じゆく根源《こんげん》の力《ちから》。それは、生命を育《はぐく》む慈愛《じあい》に満《み》ちた〝母のまなざし〟から生まれるのではないだろうか。池田先生は「わが子を愛し、慈《いつく》しむ母の心には、敵《てき》も味方もない。それは、人間愛と平和の原点である」と。来たる6月は、創価の女性の月。母と子の笑顔輝《かがや》く未来へ――心と心を結《むす》ぶ語らいで、足元から平和の光を広げよう。

未来部の「希望の世界」映《うつ》すかるた

2023年6月4日(日)

少年少女部、中等部、高等部の友の活躍《かつやく》を紹介《しょうかい》する「未来部コーナー」が地元《じもと》の会館にある。先日、来館者から感嘆《かんたん》の声が上がった。小学校2年の女の子が作った〝オリジナルかるた〟を見つめていた。

短い文章を書いた読《よ》み札《ふだ》と、色鉛筆《いろえんぴつ》で絵を描《か》いた取り札。少し紹介すると——。あ…あく手《しゅ》をすれば、みな友だち。い…いのちはとても、たいせつだよ。う…生まれてきたのは、みんなのため。え…えがおは自分も人も元気になる。お…おはよう、今日《きょう》もいい一日。

さらに――。く…くじけたって、友がそばにいる。さ…さあ、ゆこう新しい未来へ。の…のりこえてゆこう、どんなかべでも。は…花のように、ここちよい毎日にしよう。も…もう少し「がんばる」は、かならずしょうりへ。

一生懸命《いっしょうけんめい》に仕上げた一枚《まい》一枚のかるたから、彼女の心の目に映《うつ》る「希望の世界」が広がる。ある詩人は、人は誰《だれ》でも「ことばで色をぬる絵描《えか》きさん」と言った。言葉は心であり、その人の「心の色」が「ことばの色」となって、人々の心のカンバスに色を塗《ぬ》っていく。

きょう4日は「未来部の日」。み…見せよう、言おう、自分のやりたいことを。21世紀の主役《しゅやく》たちを一個の立派《りっぱ》な人格として尊敬《そんけい》して接《せっ》し、共《とも》に成長していきたい。

ＳＵＡ卒業生が語った「人生のヒーロー」

2023年6月6日(火)

「私には、人生のヒーローがいます」。先月のアメリカ創価大学（ＳＵＡ）の卒業式で、卒業生の代表が語った。「一人は、ＳＵＡのカメラマンを務《つと》めてきた方《かた》です」

そのカメラマンは昨年、闘病《とうびょう》の末《すえ》に尊《とうと》き生涯《しょうがい》を終えた、創価大学3期生の壮年である。ＳＵＡの草創期《そうそうき》から職員になり、やがて大学建設の歩《あゆ》みを残すアーカイブ（記録）を担当《たんとう》。本紙を飾《かざ》ったＳＵＡ生の笑顔の多くは、彼が撮影《さつえい》したものだ。

彼はプロのカメラマンではなかったが、〝創立者・池田先生の大学の歴史を残す〟との一心で腕《うで》を磨《みが》いた。さらに働きながら教育学博士号を、後年にはアーカイブ分野でも修士号を取得。ＳＵＡのアーカイブシステムを盤石《ばんじゃく》にした。

先の卒業生は、「見返りを求めず、自分にできること、正しいと思うことに全力を尽《つ》くす人々のおかげで、今の自分がある」と、亡《な》くなったカメラマンをはじめ、支えてくれた人への感謝を語った。

池田先生はつづった。「真の英雄《えいゆう》とは／無私の心で／人々のために／社会のために／最高に価値ある／人生の道を勇敢《ゆうかん》に／戦い開く人のことである」と。自《みずか》らが決めた〝使命の道〟を敢然《かんぜん》と進む人は、周囲に勇気の波動を広げる。その人生の軌跡《きせき》そのものが、後世の「希望の光」となる。

認知症《にんちしょう》の母と生きる男子部員の誓《ちか》い

2023年6月9日(金)

銘木店《めいぼくてん》を営《いとな》む多宝会《たほうかい》の壮年部員が語っていた。

「とても頑丈《がんじょう》な木は、まず例外なく、厳《きび》しい風雨に打たれたものだね。前後左右に揺《ゆ》さぶる強風に耐《た》えて耐えて強くなるんだな」

そうした木々に〝生き抜《ぬ》く力《ちから》〟を教わったという壮年は続けた。「自力で移動できない木は、今いる場所に根を張り、成長していくことを〝受け入れた〟のだ。でも、それは単なる〝受け身〟とも諦《あきら》めとも違《ちが》う。そこに本当の生きる強さを見た」と。

ある男子部員は、母が脳出血《のうしゅっけつ》の後遺症《こういしょう》で認知《にんち》症《しょう》になった。症状《しょうじょう》は進み、最近は息子の彼を見ても「どちらさま?」と聞いてくる。ある日、信心の話題になった。彼が「僕《ぼく》は池田先生の弟子なんです」と口《くち》にすると、母は言った。「あら奇遇《きぐう》ね。私の人生の師匠《ししょう》も池田先生よ」

彼は心で叫《さけ》んだ。〝先生の偉大《いだい》さを教えてくれたのは、お母さん、あなたです〟。感謝と涙《なみだ》があふれる中、彼は〝今度は僕が母を守り抜いていく〟と固く誓《ちか》った。

無論《むろん》、現実の日常生活での苦労は多い。母は毎日、同じ事を何回も聞いては確かめてくる。そうした日々にあって、母子は何度も「自分の師は池田先生です」と誇《ほこ》り高《たか》く語り合っているという。信心で磨《みが》いた、生きる力の光は決して消えることはない。

「けれど、希望はなくすまい」——
14歳のポーランドの少女がつづった日記

2023年6月16日（金）

雑記帳に、その日の出来事《できごと》がびっしりと書かれてある。所々、子どもらしい、つづりの間違《まちが》いもある。ナチス占領下《せんりょうか》のポーランドで、14歳で命を落とした少女ヴァンダ・プシブィルスカ。彼女は戦時下で日記をつづった。

記録が残っているのは、1942年から44年までの間。自分の勉強部屋が持てるようになったことなど、日常の喜びが記《しる》されている一方、戦争への怒《いか》りなど、10代の少女の赤裸々《せきらら》な心情が垣間見《かいまみ》える。

爆撃《ばくげき》によって自宅《じたく》を失《うしな》った。それでも、彼女は平和の到来《とうらい》を固く信じた。亡《な》くなる1カ月前の日記には、こう記している。「わたしたちが希望をなくしかけているなんて、それこそ恥《はじ》だ」「どんな戦い、どんな試《こころ》みにしても、うまくいくときもあれば、いかぬこともある」（米川和夫訳）

彼女の日記が私たちに教えてくれること——それは、希望は自《みず》らが創《つく》り出すものであり、過酷《かこく》な現実にあっても、人間は胸中《きょうちゅう》に希望を抱《いだ》いている限り、強く生き抜《ぬ》くことができるということだ。

世界では、いまだ戦火が続く。戦争の犠牲《ぎせい》になるのは、いつも純真《じゅんしん》な子どもたちだ。私たちは、一日も早い危機《きき》の終結を強盛《ごうじょう》に祈《いの》り続けたい。「けれど、希望はなくすまい」とつづったヴァンダのように。

目の見えない父親と男子部員の体験

2023年6月18日(日)

「ふろの砂《すな》」という小学6年の男児の詩がある。〈おとうさんが湯から／あがってきた／ぼくがそのあとに入った／底板をとったら／すこし砂があった／ぼくたちのために／はたらいたからだ〉

この詩に触《ふ》れ、児童文学者の灰谷《はいたに》健次郎氏は「子どもは親の生活が、自分にしっかりつながってあるということを自覚したとき、この上なく優《やさ》しい」(『日本の名随筆「父」』作品社)と記《しる》している。

ある男子部員の父は目が見えない。それでもマッサージ・はりの治療院《ちりょういん》で誠実に働いた。ある日、父が言った。「これを読んでくれ」。「大白蓮華」の巻頭言だった。池田先生の言葉を読み上げると、父は真剣《しんけん》に点字に打ち換《か》えた。その一字一字に、息子は求道の姿勢《しせい》を感じた。

その後、就職《しゅうしょく》や転職で悩《なや》んだ時もあった。だが、試練のたびに唱題根本に乗《の》り越《こ》えた。「〝あの父の息子なのだ〟との誇《ほこ》りが支えになった」。今、彼は1児の親となり、父が歩んだ信心の道に続いている。

池田先生は父親のあり方について、「懸命《けんめい》に生き、働いているその真摯《しんし》な姿勢は、つくろわずして、家族に対する豊かな精神的栄養になる」と。それぞれの使命の場で奮闘《ふんとう》を重ねる〝広布の父〟の姿《すがた》は、そのことを物語る。きょうは「父の日」。

戦争の悲惨《ひさん》さを肌感覚《はだかんかく》で知る大切さ

2023年6月21日（水）

先日、沖縄から広島を訪《おとず》れた。平和公園で地元の方《かた》の話を伺《うかが》い、原爆《げんばく》資料館を視察《しさつ》する機会を得た。被爆《ひばく》後に後遺症《こういしょう》で亡くなった方《かた》のこと、被爆者への差別のことなど、改めて核兵器《かくへいき》の残酷《ざんこく》さを胸《むね》に刻《きざ》んだ。

一緒《いっしょ》に見学した沖縄のメンバーは、「人生観が変わるほどの衝撃《しょうげき》を受けた」と。その言葉に、4年前に大阪から沖縄を訪れた高等部員のことを思い出した。ひめゆり平和祈念《きねん》資料館を見学した後、彼は語った。「沖縄戦について学び、私も平和の尊《とうと》さを伝えていこうと思いました」

戦争体験者の証言を聞くことや、狂気《きょうき》の歴史を伝える物品に触《ふ》れることなどは、戦争の悲惨《ひさん》さを肌感覚《はだかんかく》で知る契機《けいき》となる。記憶《きおく》の風化《ふうか》が指摘《してき》される今、私たちはあらゆる機会を通して、平和を訴《うった》える努力を続けていかねばならない。

23日は沖縄戦で犠牲《ぎせい》となった方々を追悼《ついとう》する「慰霊《いれい》の日」。沖縄では今月、多くの地区の座談会で、沖縄戦体験者の証言をもとに、青年部が作成した紙芝居《かみしばい》の読み聞かせに取り組んでいる。この取り組みは反響《はんきょう》を呼《よ》び、座談会以外でも読み聞かせが行われ、青年たちに「命《ぬち》どぅ宝（命こそ宝）」の心を伝えている。

過去の歴史に学びつつ、平和のために行動する民衆《みんしゅう》の連帯を築《きず》いていきたい。

『人生地理学』
発刊120周年記念の講演会

2023年6月30日(金)

「牧口先生が『人生地理学』で訴《うった》えたかったことや、牧口先生が考える地理学の目的について、よく分かりました」「創価教育者としての牧口先生だけでなく、地理学者としての牧口先生を知ることができました」

創価教育の父・牧口常三郎先生の生誕月《せいたんづき》である今月、日本地理教育学会の元会長で東京学芸大学名誉教授の斎藤毅《たけし》氏が創価大学で講演した。タイトルは「牧口常三郎先生と『人生地理学』――その新《あら》たなる展開《てんかい》」。同書発刊120周年を記念する講演会だった。

牧口先生は、73年の生涯《しょうがい》の大半を地理学の研究や地理教育の実践者《じっせんしゃ》として過《す》ごした。地理学を通しての教育改革《かいかく》への関心は、郷土科《きょうどか》教育の重《じゅう》視《し》を含《ふく》め、極《きわ》めて高かった。残念だが、冒頭《ぼうとう》の学生の声に象徴《しょうちょう》されるように、地理学者、地理教育者としての足跡《そくせき》はあまり知られていない。

地理学、地理教育論《ろん》の重要性を認識《にんしき》しつつ、「地理学とは何か」を探究《たんきゅう》し続けた牧口先生の姿《すがた》を、講演は浮《う》き彫《ぼ》りにした。1903年に出版された際《さい》、41の新聞・雑誌《ざっし》に書評《しょひょう》が掲載《けいさい》され、反響《はんきょう》を呼《よ》んだ『人生地理学』は、牧口先生の豊《ゆた》かな世界像の結晶《けっしょう》にほかならない。

私たちが生きる世界をどう見るか。同書に学び、豊かな世界像を築《きず》く一人一人でありたい。

第3章

2023年7月～9月

- 牧口常三郎先生・戸田城聖先生 法難80年（7・6）
- 小説『新・人間革命』起稿30周年（8・6）
- 日中国交正常化提言55周年（9・8）
- 夏の甲子園で慶応高校が107年ぶりに優勝（8・23）
- ガソリン価格過去最高、物価高続く（8・30資源エネルギー庁発表）

ケニアでスナノミ症《しょう》の対策《たいさく》に取り組む創大の女子学生

2023年7月9日(日)

アフリカ・ケニアのある農村で、創価大学に学ぶ女子学生がスナノミ症《しょう》の対策《たいさく》に取り組んでいる。この病《やまい》は、主に足の皮膚《ひふ》に寄生する雌《めす》のスナノミ（砂蚤）の成虫による疾患《しっかん》。痛《いた》みやかゆみ、歩行の困難《こんなん》が生じ、最悪の場合、2次感染《かんせん》によって死に至《いた》ることもある。

彼女は、ケニアの地域住民グループでボランティアを行《おこな》っている。以前、スナノミ症患者《かんじゃ》の写真を見て衝撃《しょうげき》を受けた。早速、治療費《ちりょうひ》の資金集めに奔走《ほんそう》し、現地に飛んだ。

村人は、靴《くつ》がなく裸足《はだし》で生活していた。幼児《ようじ》にまで感染症の被害《ひがい》が及《およ》んでいた。彼女は住民と協力し、約１４０人の治療をサポート。「少しずつですが、苦《くる》しんでいる方《かた》を救うことができてうれしく思う」と語る。

山積《さんせき》する世界の諸課題《しょかだい》に対して、一人の人間の力《ちから》はあまりに小さく思える。しかし、地域・社会・世界の変革《へんかく》といっても、他者の痛《いた》みに同苦《どうく》し、自分にできることを問い、行動を起こすことから始まる。ここに、創価の信念もある。

「全世界の運命のなかに、自分というものを置いて、そこからすべての発想をすることが、必要な時になっている」とは、池田先生が胸に刻《きざ》む戸田先生の指針《ししん》だ。地球規模《きぼ》で考え、行動する青年の熱と力が、今こそ求められている。

シモン・ボリバルのポスターの女性像が表すもの

2023年7月15日(土)

今年は池田先生のコロンビア訪問《ほうもん》30周年。先生が同国で「南米解放の英雄《えいゆう》」シモン・ボリバルの家を訪問した時のこと。一枚のポスターがプレゼントされた。そこにはボリバルと共に、一人の女性像が描《えが》かれていた。

女性像は何を表しているのか。「正義」を表す女神か、「自由」「平和」の象徴《しょうちょう》か。同行者からさまざまな意見が出る中、先生は直感した。「女性像は、ボリバルが愛してやまなかった『民衆《みんしゅう》』の象徴にちがいない」「彼の心が常《つね》に『民衆』と一体であったことを称《たた》えた絵であろう」

ボリバルはナポレオンの皇帝戴冠式《こうていたいかんしき》を目にして、南米解放の誓《ちか》いを立てた。だが、皇帝と違《ちが》って、南米解放後も、地位や名誉や財産に全く執《しゅう》着《ちゃく》しなかった。「自由と栄光のために闘《たたか》う者は自由と栄光以外の何物《なにもの》をも報酬《ほうしゅう》として受けてはならない」(水野一訳)と。

池田先生は今月の本部幹部会に「民衆」と揮毫《きごう》した書を贈《おく》った。メッセージで、創価の民衆の連帯を「奇跡《きせき》の結合」と呼《よ》んだ。

生命尊厳《そんげん》の思想の確立を目指し、今、世界に躍《おど》り出《で》る無私の英雄たち。その陣列《じんれつ》を築いたのは、わが生命を民衆の幸福のためにささげた、三代会長の死身弘法《ししんぐほう》の戦いにほかならない。師の戦いに連《つら》なることこそ、弟子の誉《ほま》れである。

命の尊《とうと》さに国籍《こくせき》も人種もない

2023年7月16日(日)

スイスの実業家アンリ・デュナンは、1859年6月、イタリア統一戦争の激戦地《げきせんち》ソルフェリーノの付近を通りかかった。目にしたのは、数万人の死傷者《ししょうしゃ》。彼は町の人々と協力して、救護《きゅうご》に当たった。

その後、彼は『ソルフェリーノの思い出』と題する本を出版。戦争の悲惨《ひさん》さとともに、戦地の傷病者《しょうびょうしゃ》の人命を平等に救《すく》う組織の必要性を訴《うった》えた。彼の主張は、赤十字国際委員会の設立につながった。

先日、日本赤十字国際人道研究センターの刊行物を読んだ。気付いたのは、紛争《ふんそう》を巡《めぐ》る言葉遣《づか》いについて。紛争当事者の片方《かたほう》を悪者扱《あつか》いする表現がなかった。その姿勢《しせい》について、争《あらそ》いによって双方に苦しんでいる人がおり、何より人命が最優先《さいゆうせん》、と記《しる》されていた。命の尊《とうと》さに国籍《こくせき》も人種もない。誰人《たれびと》の命も尊厳無比《そんげんむひ》だ。だが、国家の思惑《おもわく》が絡《から》む戦争は、人間を敵味方に分けて憎悪《ぞうお》の感情を煽《あお》り、〝命の差別〟を生む。いかなる戦争にも正義などなく、正当化できる正論《せいろん》もない。

武器の破壊力《はかいりょく》が増《ま》し、将来《しょうらい》の戦争は残虐《ざんぎゃく》を極《きわ》めると、デュナンは予見した。ゆえに、戦争を防《ふせ》ぐ努力を根気よく続けることを呼《よ》びかけた。ウクライナ情勢を巡る、核兵器《かくへいき》使用の危機《きき》が続く今、即時《そくじ》停戦の一刻《いっこく》も早い実現を、改《あらた》めて強く望む。

コートジボワールの友の
師を求める心

2023年7月20日(木)

「私たちはセンセイに勝利の報告をするためにやって来たのです!」。本部幹部会で歓喜《かんき》の舞《まい》を披露《ひろう》したコートジボワールの友がエネルギッシュに語った。

アフリカ西部に位置する同国。日本への直行便《ちょっこうびん》はない。メンバーは東アフリカのエチオピアを経《けい》由《ゆ》して、空路23時間以上かけて来日。まさに「道のとおきに心ざしのあらわるるにや」(新1684・全1223)。来日した全員に、人間革命のドラマが輝《かがや》いていた。

都内で行われた交流交歓会《こうかんかい》。日本の男子部員が

「師弟に生きるとは?」と尋《たず》ねると、同国の青年は「師匠《ししょう》の心を自分の心として行動することが、師弟に生きる根幹《こんかん》です。私自身、池田先生が示《しめ》された『21世紀はアフリカの世紀』をわが心とし、その実現のために奮闘《ふんとう》の日々です」と力強《ちからづよ》く。

同国の女性が続《つづ》けた。「池田先生の心を学《まな》んでいくことです。生きる知《ち》恵《え》に満《み》ちたセンセイの指導——日本の皆《みな》さんは日本語で学ぶことができる。大変に幸《しあわ》せな環境《かんきょう》です。私はフランス語に翻訳《ほんやく》されたものしか読むことができません」

師弟とは、物理的な距離《きょり》でも、信仰《しんこう》の年数でもない。師を求め、師との誓《ちか》いに生きる時、師弟の絆《きずな》は強まることを、求道《きゅうどう》の志《こころざし》が光るSGIメンバーから改《あらた》めて学んだ。

自然の猛威《もうい》が続く中だからこそ強めたい「万の力《ちから》」

2023年7月21日(金)

九州北部や秋田県などで、記録的な豪雨《ごうう》による甚大《じんだい》な被害《ひがい》が出た。被災《ひさい》した方々《かたがた》に心からお見舞《みま》い申し上げるとともに、一日も早い復興を祈《いの》らずにはいられない。

自然の猛威《もうい》は万人に降《ふ》りかかる。しかし、それによって受ける衝撃《しょうげき》には差がある。自宅《じたく》や職場、思い入れの深かった物品を失《うしな》った人。なかには身近な人を亡《な》くした方《かた》もいる。その心痛《しんつう》はいかばかりか。察《さっ》するに余《あま》りある。

福岡県久留米《くるめ》市の壮年は、土石流によって自宅が全壊《ぜんかい》した。彼は「目の前が真《ま》っ暗《くら》になりました。

でも負けません。応援《おうえん》してくださる皆《みな》さんの真心に応《こた》えたいから」と。大分県中津市の友は自《みずか》ら被災しつつも、地域の人たちを懸命《けんめい》に励《はげ》ましていた。「大丈夫《だいじょうぶ》。師匠《ししょう》や同志が祈ってくれています。何が何でも、一緒《いっしょ》に復活しましょう」

池田先生は豪雨や震災《しんさい》などで被災した友に励ましを送り続けてきた。「どれほど大変でも、心が壊《こわ》されなければ、必ず復興できる」「すべてを断固と『変毒為薬《へんどくいやく》』できるのが、この仏法であり、信心であります」

豪雨や猛暑《もうしょ》など、自然の猛威が続く。だからこそ、励ましという「万の力《ちから》」を強めたい。皆《みな》が直面する困難《こんなん》を乗《の》り越《こ》え、未来の糧《かて》にしていけるよう、共に祈り、声をかけ合い、前へ進もう。

「身」よりも「心」の置き所

2023年7月25日(火)

この秋、フランスの大学に留学する男子部員と数人の友が語らった。力強《ちからづよ》く決意を披歴《ひれき》した彼が、最後にポツリと口《くち》にした。「だけど、皆《みな》さんと離《はな》れてしまうのは、とても寂《さび》しいです」

それを聞いた壮年部員が激励《げきれい》した。「たとえ、互《たが》いの身は離れても、心は自在で、いつでもつながっている。〝いよいよ〟の決意で進んでいこう」。真心が詰《つ》まった言葉に、彼の表情が明るくなった。

続けて、別の壮年部員が語った。「世界中で創価の友が活躍《かつやく》している。フランスにもSGIの組織がある。現地の同志と〝広布に生きる喜び〟を共有しながら頑張《がんば》ってほしい」。その場にいた皆が、彼の奮闘《ふんとう》と活躍に期待を寄《よ》せた。

「身」の置き所を憂《うれ》う男子部員に、２人の壮年は「心」の置き所こそ大切と教えているように思った。状況《じょうきょう》の変化によって、自分の身を置く場所は変わる。その時、心がどの方向を向《む》いているかで、人生は大きく変わる。

信心で大切なことは、自分の「身」がどこの地域や組織にあるか、ということではない。どこにいようが、心のど真ん中に「信心」があるか、「師弟」があるかだ。自《みずか》らが定《さだ》めた弟子の道は、距離《きょり》や時間に制限されるものではない。自らの力で開拓《かいたく》し、歩んでいくものである。

牧口先生の姿《すがた》に、真の人間教育の実像が

2023年7月30日(日)

84歳の壮年は小学生から中学生の時まで、父親の病《やまい》のため、叔父《おじ》のもとで暮《く》らした。叔父は他《た》宗《しゅう》の住職。壮年は毎朝午前5時に起床《きしょう》し、雑巾《ぞうきん》がけを手伝った。冬場も続け、手はあかぎれだらけになった。

血がにじむ彼の手に、小学校の先生が気付いた。先生は職員室で、その手を優《やさ》しく握《にぎ》って温《あたた》めた。両親と離《はな》れて生活する寂《さび》しさから、彼の心はすさみかけていた。「あれから随分《ずいぶん》と時がたつけれど、あの手のぬくもりは今も忘《わす》れることができない」と、壮年は感慨《かんがい》深く振《ふ》り返《かえ》った。

牧口先生は北海道の教員時代、あかぎれの子の手をお湯で洗《あら》ってあげたり、雪道を帰宅《きたく》する児童を背負《せお》ったりすることもあった。当時、同じ小学校で教育実習を受けたある人は、先生の姿《すがた》を通して、「私は真の人間教育ともいうべきものを教《おそ》わった」と述べている。

毎朝、児童が喜んで学校に登校するかどうかは、教師の「慈顔《じがん》と朋輩《ほうばい》の熱情」による——これが、牧口先生の信念だった。先の教育実習生をはじめ、牧口先生に関する幾《いく》つかの証言が残っている。そこから浮《う》かぶのは、一人一人の児童に慈顔を向け、朋輩に熱情を注ぐ、先生の姿だ。

わが家、わが地域の子どもたちの心を、温かく包《つつ》むような思い出を残す夏としたい。

歌《うた》い継《つ》がれる
〝近代沖縄音楽の父〟の作品

2023年8月1日(火)

今年生誕《せいたん》140年を迎《むか》えた〝近代沖縄音楽の父〟宮良長包《みやらちょうほう》。「安里屋《あさどや》ユンタ」など彼が手がけた楽曲の多くは、皇民化《こうみんか》教育が始まり、日本が軍国主義へと向かう時代に生まれた。

沖縄の伝統音楽に根差《ねざ》しつつ、人間愛に彩《いろど》られた作品は、多くの人に親《した》しまれる。台風で甚大《じんだい》な被害《ひがい》が出た地域の復興支援《しえん》の音楽会を開き、日中戦争へ駆《か》り出された兵士の家族への慰問演奏《いもんえんそう》を行《おこな》った。自《みずか》らも子や妻を失う悲しみを味わった。それでも、音楽の力《ちから》で人々を励《はげ》まし続けた。

長包が残した多くの楽譜《がくふ》は彼の死後、沖縄戦で焼失する。だが、その心を継《つ》ぐ弟子や教え子の手でよみがえった。彼の音楽は、平和を願う思いとともに、今も歌《うた》い継がれている。

未来部歌「正義の走者」が誕生《たんじょう》した1978年は、邪宗門《じゃしゅうもん》による学会攻撃《こうげき》が激化《げきか》した第1次宗門事件の渦中《かちゅう》だった。同歌が初披露《ひろう》された会合で、池田先生は後継《こうけい》の友へ万感の思いを語った。「一人も残らず、正義と勝利の人生を生き抜《ぬ》いてくれることを信じ、祈《いの》って、『正義の走者』を贈《おく》りました」

いかなる分野も後継の存在《そんざい》なくしてその未来はない。広布のバトンを託《たく》す未来部員と共に、自らも「法華経の命を継ぐ人」（新1590・全1169）へと成長する日々でありたい。

地域に花を咲《さ》かせる広島の壮年

2023年8月3日(木)

先日、広島市安佐南区《あさみなみ》に暮《く》らす女性から電話があった。「私は学会員ではありませんが、取材してほしい学会の壮年の方《かた》がいるんです」。珍《めずら》しい依頼《いらい》に、驚《おどろ》きながら詳細《しょうさい》を伺《うかが》った。

40年ほど前、同区内に雑草で覆《おお》われた山の斜面《しゃめん》があった。その壮年は、許可を得た上で一帯《いったい》に木や花を植え始めた。桜、アジサイ、レンギョウ……。何年も黙々《もくもく》と草を刈《か》り、手入れに汗《あせ》した。

当初、女性は気に留《と》めていなかったが「誰《だれ》が見ていなくても続ける姿《すがた》に感銘《かんめい》を受けました」と。今では通りかかる住民が、四季折々《しきおりおり》の花々を楽しめる場所になった。

「この話には続きがあるんです」と女性。壮年の奮闘《ふんとう》を見ていた他の住民が「私もできることを」と、近隣《きんりん》の草取りを始めたという。陰《かげ》の労苦に徹《てっ》する壮年。その振《ふ》る舞《ま》いに感動し、共《とも》に貢献《こうけん》の道を歩む地域の人。麗《うるわ》しい人間共和の世界に心が温かくなった。

池田先生は「人知れぬ祈《いの》りも行動も不思議《ふしぎ》と証言する人が現《あらわ》れ、感謝と賞讃《しょうさん》に包《つつ》まれるものだ。これが妙法の大功力《だいくりき》である」と教える。無私《むし》の献身《けんしん》は自身の福徳《ふくとく》となり、偉大《いだい》な仏法の証明ともなる。

利害も打算もない。ただ地域のために──目に見えない陰徳《いんとく》は、確かな陽報《ようほう》となって自身も地域も照らし、輝《かがや》かせていく。

ボリビアの大学総長が感動した「母」の歌

2023年8月5日(土)

「人生で、こんなにも美しい合唱は初めてです。もう一度、歌っていただけないでしょうか」。池田先生に名誉博士号を贈《おく》ったボリビア・開発イノベーション大学のデ・チャサール総長は感激《かんげき》の面持《おもも》ちで語った。

先月31日、信濃町の創価世界女性会館で、富士少年希望少女合唱団の歓迎《かんげい》の歌を聞いた直後の一幕《ひとまく》だ。総長のアンコールは先生作詞《さくし》の「母」。歌詞《かし》に込《こ》められた思いが、歌声に乗って真っすぐ心に届《とど》いたのだろう。聞き入る総長の目には、きらりと光るものがあった。

「母」の歌が披露《ひろう》されたのは、1976年8月5日。歌詞はその5年前、関西の会合で発表された長編詩「母」が基《もと》になった。

なぜ、この歌を作ったのか——海外の要人からの質問に、先生は答えた。「私の母、そして、世界中のすべてのお母さんへの感謝の思いを込めました。この歌の作曲が行われているころ、ちょうど、私の母が重い病気だったのです」。歌が完成した1カ月後、先生の母・一《いち》さんは逝去《せいきょ》。生前、歌のテープを何度も流しては、うれしそうにうなずいていたという。

一家の和楽も広布の前進も、母の献身《けんしん》ありてこそ。「いつも本当にありがとうございます!」。わが母、尊《とうと》き女性たちに感謝を伝え、平和を誓《ちか》う夏に。

魯迅《ろじん》と藤野先生

2023年8月13日(日)

中国文学者の増田渉《わたる》氏が『魯迅《ろじん》選集』を出版する際《さい》、収録《しゅうろく》する作品について魯迅本人に手紙で相談した。返答は端的《たんてき》だった。「私は別に入れなければならないと思うものは一つもありません。しかし『藤野先生』だけは訳《やく》して入れたい」（『魯迅の印象』角川選書）

魯迅が日本に留学した当時、中国は列強《れっきょう》に侵食《しんしょく》されていた。魯迅個人も周囲の日本人から冷《ひ》ややかな扱《あつか》いを受けた。だが、藤野先生は魯迅が筆記《ひっき》した講義ノートを添削《てんさく》し、文法的な誤《あやま》りに直しを入れるなど、大切に育《はぐく》んだ。

魯迅は後《のち》に述懐《じゅっかい》している。「私はよく先生のことを思い出す。私がわが師と仰《あお》ぐ人々の中でも、先生は最《もっと》も私を感激《かんげき》させ、私を鼓舞激励《こぶげきれい》してくださった一人である」「先生の人格は、私の眼と心の中では偉大《いだい》である」(増田渉訳)

人生には幾《いく》つもの出会いがある。中でも、人生を決定づけるような出会いを得ることほど幸福なことはない。その思い出は、時を経《へ》るほど輝《かがや》きを増し、人生の節目《ふしめ》にあって自《みずか》らを奮《ふる》い立《た》たせる原点となる。

76年前の8月14日、池田先生は戸田先生と出会った。仏法の師弟の絆《きずな》は「三世《さんぜ》の契《ちぎ》り」(新1456・全1070)。今この時、池田先生と共《とも》に、世界広布の大道を歩む喜びを我《われ》らは胸《むね》に刻《きざ》みたい。

「さようなら」の語源《ごげん》——日本人独特《どくとく》の別れの表現

2023年8月15日(火)

「さようなら」の語源《ごげん》は「然《さ》らば」「左様《さよう》ならば」。前の事柄《ことがら》を受け、次に新しい行動を起こす際《さい》などに使う接続詞《せつぞくし》だった。

その言葉には英語の「グッバイ」や「シー・ユー・アゲイン」とは違《ちが》った、日本人独特《どくとく》の〝別《わか》れの表現〟があると倫理《りんり》学者の竹内整一氏はつづる。〝さようであるならばと一度立ち止まり、過去を確認《かくにん》することによって、何らかの形で先へとつながっていこうとする祈《いの》りを見いだせる〟と(『ベスト・エッセイ2018』光村図書)。

ある女性部員はかつて、高校生だった長男を亡《な》くした。後年、三男も急逝《きゅうせい》。人生に絶望《ぜつぼう》していた時、池田先生の言葉が目に留《と》まった。「太陽が昇《のぼ》れば、闇《やみ》は消え去る。強盛《ごうじょう》なる信心を貫《つらぬ》く中で、苦悩《くのう》が『ぱっ』と消える時が必《かなら》ずある」

師の励《はげ》ましを彼女は信じた。学会の同志も寄《よ》り添《そ》い続けた。喪失感《そうしつかん》は消えない。しかし、悲哀《ひあい》に負けない自分になった。彼女は今、民生委員・児童委員を担《にな》い、地域に尽《つ》くす。亡き兄弟の分《ぶん》もと次男も社会で奮闘《ふんとう》する。

諸精霊追善《しょしょうりょうついぜん》勤行法要が15日を中心に行われる。太陽の仏法は愛別離苦《あいべつりく》の暗雲《あんうん》を晴《は》らし、幸福の軌道《きどう》へと転じることができると説《と》く。我《われ》らの唱《とな》える題目は、自身だけでなく、亡き家族をも妙《たえ》なる光で照らしゆく。

核兵器先制《かくへいきせんせい》不使用の合意を今こそ

2023年8月16日(水)

27年前の1996年9月、核兵器廃絶《かくへいきはいぜつ》に関する具体的《ぐたいてき》な提案が国連総会に提出された。オーストラリア政府によって設立された「核兵器廃絶のためのキャンベラ委員会」の報告書である。

「核戦力の警戒《けいかい》態勢解除《かいじょ》」「発射装置《はっしゃそうち》からの核弾《だん》頭除去《とうじょきょ》」などの内容は当時、世界の注目《ちゅうもく》を集めた。その最後の提案が「核の先制《せんせい》不使用および核の原《げん》則《そく》不使用に関する合意の成立」だった。

同委員会の委員を務《つと》めたジョセフ・ロートブラット博士は、池田先生との対談集『地球平和への探究《たんきゅう》』の中で、最後の提案が実現すれば、

「今日《こんにち》の核政策《せいさく》に、根本的《こんぽんてき》変化をもたらし、一つの大きな壁《かべ》を破《やぶ》ることになる」と訴《うった》えている。

池田先生は、昨年から3度にわたって発表した提言の中で、「核兵器の先制不使用」の確立の必要性を呼《よ》びかけてきた。ウクライナ危機《きき》の収束《しゅうそく》が見通《みとお》せず、核の先制使用すら正当化されかねない状況《じょうきょう》だからこそ、一刻《いっこく》も早く先制不使用の議論を始め、合意を実現すべきだ。

キャンベラ委員会の報告書にはこうある――核兵器とその及《およ》ぼす脅威《きょうい》を世界から除去するため、即時《そくじ》の断固《だんこ》とした努力が必要である、と。その努力が今ほど必要な時はない。後押《あとお》しとなる最大の力《ちから》は、私たち市民社会の「声」である。

青森にある「世界地区」

2023年8月22日(火)

車で移動していた男子部員に、同乗《どうじょう》する小学生の息子《むすこ》がカーナビを見て、興奮《こうふん》気味《ぎみ》に言った。「ずっと地図の真ん中を走ってる。僕《ぼく》たち、すごい所にいるね」と。

息子の着眼点《ちゃくがんてん》と発想《はっそう》に感心した彼は、御書の一節を思い出した。「法華経《ほけきょう》を持《たも》ち奉《たてまつ》る処《ところ》を、『当詣《とうけい》道場《どうじょう》』と云《い》うなり。ここを去《さ》ってかしこに行くにはあらざるなり」（新1086・全781）。彼は、今いるここが〝わが使命の現場であり、起点だ〟と痛感《つうかん》し、一層《いっそう》の信心に励《はげ》もうと決意したという。

青森県・西目屋《にしめや》村は人口千数百人。秋田県境《けんざかい》に位置し、村の面積の93％は林野《りんや》である。30年前、村に広がる白神《しらかみ》山地が世界自然遺産《いさん》に登録された。池田先生はその出来事《できごと》を機《き》に、地元の学会組織を「世界地区」にと提案した。

当時の地区部長は語る。「『世界』なんて、びっくり仰天《ぎょうてん》でした。同時に私たちは〝すごい所にいる〟という喜びがあふれ、さらなる広布拡大を決意しました」。彼は現在も、妻や同志らと力《ちから》を合わせ、地域と広布のために奔走《ほんそう》する。

世界地区のメンバーは〝自分たちのいる場所は、世界の「中心」なのではない。むしろ、未来の世界広布への「出発点」なのだ〟と捉《とら》え、わが使命の世界を舞台《ぶたい》に、信頼《しんらい》と友好を広げている。

関東大震災《だいしんさい》から100年

2023年8月25日(金)

聖教新聞東北支社広告部が毎年の「敬老《けいろう》の日」に合わせて実施《じっし》する、おじいちゃん・おばあちゃんの似顔絵《にがおえ》コンテスト。東日本大震災《だいしんさい》の翌年《よくねん》、〝家族の絆《きずな》〟を大切にする趣旨《しゅし》で始まった。今年も9月1日まで作品を募集中《ぼしゅうちゅう》だ。

過去の入選作を見て思う。ほとんどの作品が祖父母の笑顔であること。また、目や口《くち》など、顔の一部が強調され、実際の容姿《ようし》とはだいぶ違《ちが》うと思われる絵が多い。どれも愛情や感謝の思いがあふれる力作《りきさく》ぞろい。作者が心で感じて描《えが》いた祖父母こそ〝真《しん》の姿《すがた》〟なのかもしれない。

東京の国立国会図書館で開催中《かいさいちゅう》の展示《てんじ》「資料が語る関東大震災」。被害《ひがい》の大きさを伝える当時の写真や報告を見て、戦慄《せんりつ》が走った。だが、それ以上に強く心に響《ひび》いたのは、被災《ひさい》した画家による画集や、文豪《ぶんごう》が書き残した文章だった。

〝この現実を知らせなくては〟〝後世に残さなくては〟との作者や筆者の切実な思いを感じた。そして〝ここから必ず再起してみせる〟という覚悟《かくご》に迫力《はくりょく》があった。

関東大震災から9月1日で100年。この間、社会は大きく変わり、複数の災害が同時に起こるようになった。それでも「人間の強さ」は不変だったように思う。それを支《ささ》えたのは人と人、心と心のつながりである。

創大通教生から学んだ
生涯《しょうがい》青春の秘訣《ひけつ》

2023年8月30日(水)

今月、東京の創価大学で行われた通信教育部夏期スクーリングには、全国各地と海外12カ国から延《の》べ3700人が参加した。4年ぶりのキャンパスでの開催《かいさい》とあって、明るい声が構内《こうない》に響《ひび》き渡《わた》った。

「古希《こき》迎《むか》え　からだコキコキ　女子大生」(Shi-koさん)。「この川柳《せんりゅう》、私にぴったり!」と笑顔で語るのは、鹿児島県の奄美《あまみ》大島《おおしま》から参加した女性。高校卒業後、家族を支《ささ》えるため、大学進学を断念《だんねん》した。還暦《かんれき》を迎えた9年前、一念発起《いちねんほっき》し通教生に。

白亜《はくあ》のキャンパスを訪れた20代の時の印象が忘《わす》れ

られなかったからという。

「通教生になって若返《わかがえ》りました。テキストは難解《なんかい》な部分も多く全身が凝《こ》りますが（笑）、そこは人生経験の豊かさでカバーしています」と女性。向学心あふれる通教生との出会いも「スクーリングの魅力《みりょく》です」。

創価大学本部棟《とう》の前に「学光《がっこう》の塔《とう》」が立つ。そこには、創価教育の不《ふ》滅《めつ》の精神「学《がく》は光《ひかり》、無学は闇《やみ》。知は力《ちから》、無知は悲劇《ひげき》」が刻まれている。学び続ける人に真《しん》の幸福は輝《かがや》く。新しい自分が生まれる。「学光」は通信教育部の永遠の指針《ししん》である。

「通教は　若さを守る　フォートレス」（vivafine55　紹介《しょうかい》した川柳は夏期スクーリング川柳コンテスト作品から）。学光の友に生涯《しょうがい》青春の秘訣《ひけつ》を学んだ。

碑《ひ》に刻《きざ》まれた作家・井上靖《やすし》氏の「ふるさと」の詩

2023年9月1日(金)

「数十年に一度の災害《さいがい》」という言葉をよく聞くようになった。今夏、日本では未曽有《みぞう》の豪雨《ごうう》が発生。米ハワイやカナダでは山火事で甚大《じんだい》な犠牲《ぎせい》が出た。

台風7号が襲《おそ》った鳥取県に、作家・井上靖《やすし》氏の詩を刻《きざ》んだ碑《ひ》がある。「〝ふるさと〟という言葉は好きだ。古里、故里、故郷、どれもいい」「しかし、私の最も好きなのは、論語《ろんご》にある〝父母国〟という呼《よ》び方《かた》で、わが日本に於《お》いても、これに勝《まさ》るものはなさそうだ。〝ふるさと〟はまことに、〝ちちははの国〟なのである」。〝ふるさと〟の捉《とら》え方が実《じつ》に味わい深い。

池田先生が第3代会長に就任《しゅうにん》以来、祈《いの》り続けてきたことの一つは〝災害がないように〟である。かつて先生はつづった。『『あなたのふるさとは』と聞かれれば、私たちは言う。『我《わ》がふるさとは世界。地球のどこでも、人類きょうだいがいるところ、すべて私のふるさとです』』と。いずこであれ、世界で起きる問題は人ごとではない。

仏法は「依正不二《えしょうふに》」。環境《かんきょう》（依報《えほう》）と人間（正報《しょうほう》）は密接《みっせつ》不可分の関係であり、自身の生命を変革《へんかく》することが、苦悩《くのう》が渦巻《うずま》く穢土《えど》を浄土《じょうど》に変革する道と説《と》く。

関東大震災100年の9月1日は「防災の日」。世界の安穏《あんのん》を祈り、今いる郷土《きょうど》に尽《つ》くす誓《ちか》いを新たに。

不戦の魂《たましい》を次世代へ

2023年9月5日(火)

先日、沖縄で行われた「青年不戦サミット」。参加者が最初に訪《おとず》れたのは、読谷村《よみたんそん》の自然壕《しぜんごう》「チビチリガマ」だった。沖縄戦で「集団自決」の悲《ひ》劇《げき》が起きた地だ。

そこから1キロにも満《み》たない場所にある「シムクガマ」では、約1000人の避難者《ひなんしゃ》の命が助かった。ガマの中で、米軍への投降《とうこう》を訴《うった》えた2人は移住したハワイからの帰国者で、外の世界を肌《はだ》で知り、日本の軍国主義教育の影響《えいきょう》も受けていなかったという。

平和への行動の第一歩は「知ること」だ。今の世界に目を向けると同時に、歴史の教訓《きょうくん》に真摯《しんし》に学ぶことが重要である。「過去に目を閉《と》ざす者は、結局のところ現在にも盲目《もうもく》となる」とは、ドイツのヴァイツゼッカー元大統領の言葉。

学会青年部が戦争体験記を出版する取り組みを開始したのは、50年前の1973年。戦争体験者への聞き取りを行い、翌74年6月に沖縄、8月に広島、長崎の戦争証言集を発刊した。悲惨《ひさん》な記憶《きおく》を未来に伝える運動は全国へと広がり、学会の反戦出版は100冊《さつ》を超《こ》えるシリーズに。現在も3県を中心に巻を重ねている。

歴史の真実に学び、現実の上で平和のために行動する。不戦の魂《たましい》を次世代につなぐ。それは今を生きる私たちに課《か》せられた責務《せきむ》である。

日々の生活の中に平和の花開《ひら》く土壌《どじょう》が

2023年9月8日(金)

真っ黒な弁当箱が広島平和記念資料館に展示《てんじ》されている。米・麦・大豆のまぜご飯、千切りにしたジャガイモの油炒《あぶらいた》め。あの日、母の愛情が詰《つ》まった弁当を携《たずさ》え、13歳の少年は建物疎開《そかい》作業に向かった。

原爆《げんばく》の炎《ほのお》が街を焼《や》き尽《つ》くした。母はうつぶせになった、わが子の遺体《いたい》を見つけた。おなかの下に弁当があった。戦後、「思い出すまい考えまいとすればする程《ほど》、下腹から熱いものが込《こ》み上げてきて涙《なみだ》を流し今日に至《いた》りました」(「中国新聞」5月12日付)と。炭化《たんか》した弁当箱は、1発の爆弾《ばくだん》が日常を地獄《じごく》に変えたことを伝えている。

ある被爆《ひばく》3世の女性部員は核兵器廃絶《かくへいきはいぜつ》について関心を持たずにいた。そんな時、被爆者の話を聞いた。「私は、夕焼けが大嫌《だいきら》い。広島が真っ赤に燃《も》えたあの日を思い出すから」

何げない風景でさえ、惨劇《さんげき》を思い出すことに、彼女は衝撃《しょうげき》を受けた。その後、〝日常の中に平和を築こう〟と同資料館のヒロシマ・ピース・ボランティアに応募《おうぼ》。毎朝、平和への祈《いの》りを込め、周囲の友に接《せっ》している。

池田先生は「日々の生活の中にこそ、平和の種《たね》が芽《め》を吹《ふ》き、花開《ひら》く土《ど》壌《じょう》がある」と。きょうは戸田先生の「原水爆《げんすいばく》禁止宣言《せんげん》」から66年。私たちの身近な行動にこそ、核兵器廃絶への直道《じきどう》がある。

山積《さんせき》する人類の課題を解決するカギ

2023年9月13日(水)

国連気候変動枠組《わくぐみ》条約のフィゲレス元事務局長には忘《わす》れられない出来事がある。かつての記者会見で、〝気候変動に関する世界的な合意は可能か?〟と問われ、「私が生きているうちには無理だ」と答えてしまったのである。

反省した彼女は態度を改《あらた》め、関係者と対話を重ねていった。それは、人々の諦《あきら》めや無関心との戦いでもあった。世界の平均気温上昇《じょうしょう》を抑《おさ》えるための「パリ協定」が締結《ていけつ》されたのは、それから数年後のこと。大きな変革《へんかく》は「意外にも個人的なもの」だと、彼女は語る(『万人のための地球』丸善出版)。

今月18、19日、国連本部でSDGs《エスディージーズ》（持続可能な開発目標）サミットが開かれる。2015年に採択《さいたく》されたSDGsは、達成目標年の2030年へ、折り返し地点を迎《むか》えた。

山積《さんせき》する人類の課題を本質的に解決するには、「信仰《しんこう》の寸心《すんしん》」（新45・全32）を改める――つまり、一人一人が心を変革するしかない。これが、災禍《さいか》の時代に日蓮大聖人が著《あらわ》された「立正安国論《りっしょうあんこくろん》」の結論《けつろん》であった。

遠回りに見えても、人間革命こそが根本であり、一対一の対話こそ社会変革の直道《じきどう》だ。「生命尊厳《そんげん》」「万物共生」の哲理《てつり》を掲《かか》げる私たちの対話運動は、地球的課題の克服《こくふく》へ、民衆《みんしゅう》の精神的基盤《きばん》を築く王道である。

法華経を身で読む
多宝会《たほうかい》の先輩方《せんぱいがた》の雄姿《ゆうし》

2023年9月15日（金）

来月の「教学部初級試験・青年部教学試験3級」を受験する男子部員と出題範囲《はんい》を学ぶ中で質問があった。「法華経など、主な経典《きょうてん》は昔のものですが、最近できた〝経《きょう》〟ってないんですか」

御義口伝《おんぎくでん》には「（妙法蓮華経の）『経』とは一切衆《しゅ》生《じょう》の言語音声《ごんごおんじょう》を経と云《い》うなり。釈《しゃく》に云わく『声、仏事《ぶつじ》をなす。これを名づけて経となす』」（新984・全708）と仰《おお》せだ。つまり、人が発する言葉も全《すべ》て「経」だが、それには高低浅深《こうていせんじん》がある。広宣流布を進める声こそが最高の「経」である。

また、妙法蓮華経の五字を人の五体に配《はい》すると、

「経」は「足」に当たり、それは〝行動〟とも解釈《かいしゃく》できる――そんな説明を彼にしながら、脳裏《のうり》には今まで出会った多宝会《たほうかい》の先輩方《せんぱいがた》の姿《すがた》が浮《う》かんだ。

学会に無理解な周囲にも、誠実《せいじつ》な言動で信頼《しんらい》を築き、人々に正しい認識《にんしき》を広げた友。どんな宿命も信心根本に勝《か》ち越《こ》え、厳《げん》たる実証を示した友……先輩方の〝法華経を身で読む〟雄姿《ゆうし》に、私たちは多くを学んできた。

18日は「敬老《けいろう》の日」。ルソーの言葉に「もっとも長生きした人とは、もっとも多くの歳月《さいげつ》を生きた人ではなく、もっともよく人生を体験した人だ」(今野一雄訳)と。多宝会の友の生き方が、その真実を証明している。

土台が強固であれば堅塁《けんるい》は築かれる

2023年9月16日(土)

かつて日本には3万から4万の城が存在《そんざい》したといわれる。だが、江戸時代以前に創建《そうけん》され、現在も天守《てんしゅ》が残る城は12しかない。そのうちの一つが、天守が国宝《こくほう》に指定されている愛知の犬山城《いぬやまじょう》だ。

豊臣秀吉《とよとみひでよし》と徳川家康が戦った「小牧《こまき》・長久手《ながくて》の戦い」をはじめ、たびたび戦乱《せんらん》の舞台《ぶたい》となった。1891年には濃尾地震《のうびじしん》で天守が半壊《はんかい》。この時、地域住民は自《みずか》らも被災《ひさい》しながら、復旧に奔走《ほんそう》した。幾多《いくた》の困難《こんなん》を乗《の》り越《こ》え、城を愛する人々の思いの結実によって、威容《いよう》は保《たも》たれてきた。

池田先生が犬山城のふもとに足を運び、地元の壮年に〝師弟の道に徹《てっ》し、福運《ふくうん》を積《つ》んでいきなさい〟と励《はげ》ましたのは、1967年8月15日のこと。岐阜・高山会館（当時）の開館式を終え、帰京する合間を縫《ぬ》っての激励《げきれい》だった。翌年《よくねん》7月にも犬山の地を再訪《さいほう》し、同志と語らった。

師の2度の足跡《そくせき》は、犬山の友にとって、かけがえのない「宝《たから》の原点」だ。壮年を励ました一言を自らへの指導と捉《とら》え、皆《みな》が師弟の「この道」を歩んできた。

天守が壊《こわ》れても、土台が強固であれば再び堅塁《けんるい》は築かれる。人間も同じである。立《た》ち戻《もど》る原点を持つ人は強い。苦難《くなん》のたびに、人生の反転攻《こう》勢《せい》の足場にすることができるからだ。創価の同志はそれを知っている。

関東大震災《だいしんさい》と牧口先生

2023年9月19日（火）

100年前の9月22日のこと。東京・白金《しろかね》小学校の校長を務《つと》めていた牧口先生は、深川《ふかがわ》方面（現在の江東区《こうとうく》西部）の視察《しさつ》を行《おこな》った。関東大震災《だいしんさい》で甚《じん》大《だい》な被害《ひがい》を受けた地域である。先生は、その実態《じったい》を現地で目にした。

震災が発生した翌日《よくじつ》（9月2日）、同小学校は学校を避難所《ひなんじょ》に開放することを決定。3日から、被《ひ》災者《さいしゃ》の救護《きゅうご》に当たった。19日からは児童たちと共に、被災を免《まぬか》れた家庭から衣類などを集め、被災者に配《くば》る活動を行った。

震災の翌年《よくねん》に東京府（当時）がまとめた報告書

には、同小学校が教科書4011冊など、多数の品物を集めたことが記録されている。ある児童は「沢山《たくさん》集《あつま》った品物を車に積んで校内にもどって来た時は、私達は子供《こども》ながら何となくうれしく感ぜずにはいられなかった」と。

〝被災者のために〟という、牧口先生のやむにやまれぬ思い。そこから始まった同小学校の活動は、児童たちに「人のために行動する」喜びを教えた。人に尽《つ》くす労苦《ろうく》は、自分自身を豊《ゆた》かにする。

今夏も豪雨《ごうう》による被害《ひがい》が相次いだ。毎年のように災害は発生する。だからこそ、「励《はげ》ましのネットワーク」を広げたい。心の絆《きずな》を網《あみ》の目《め》のように結ぶ行動こそ、試練に負けないレジリエンス（回復力《かいふくりょく》）を地域に育《はぐく》む力《ちから》となる。

「眼光紙背《がんこうしはい》に徹《てっ》す」

2023年9月23日(土・祝)

敵《てき》か味方か、味方か敵か——壮大《そうだい》なスケールと手《て》に汗握《あせにぎ》る展開《てんかい》で話題を呼《よ》んだTBS系のテレビドラマ「VIVANT《ヴィヴァン》」。伏線《ふくせん》の数々に、さまざまな考察《こうさつ》が視聴者《しちょうしゃ》の間で飛《と》び交《か》った。

注目された内容に〝暗号〟めいた主人公のせりふがある。その一つが「眼光紙背《がんこうしはい》に徹《てっ》す」。「紙《かみ》の裏《うら》まで見通《みとお》すように、書物の字句《じく》の背後《はいご》にある深《しん》意《い》をも読み取ること」だ。

第2代会長・戸田先生は、本の読み方には3種類あると言った。第一に、筋書《すじが》きだけを追って、ただ面白《おもしろ》く読もうとするもの。第二に、その本の成立や歴史的背景《はいけい》、当時の社会の姿《すがた》、本の中の人物や表そうとしている意味を、思索《しさく》しながら読むこと。

第三は、作者の人物やその境涯《きょうがい》、人生観、世界観《かん》、宇宙《うちゅう》観、思想をも読み込《こ》むこと。戸田先生は、ここまでしなければ、本当の読み方ではないと訴《うった》えた。まさに「眼光紙背に徹す」ような読書を青年たちに勧《すす》めた。

若《わか》き日の池田先生は、読書ノートに感動した文章などを書き留《と》めた。さらに、恩師の指導を胸《むね》に、多忙《たぼう》な合間《あいま》を縫《ぬ》って、読書を重ねた。「読書は、頭脳《ずのう》を磨《みが》き、精神を鍛《きた》え、心を耕《たがや》し、忍耐力《にんたいりょく》を培《つちか》う」と池田先生。

速読《そくどく》も乱読《らんどく》もよいが、「眼光紙背に徹す」ような熟読《じゅくどく》で、知識を蓄《たくわ》え、知恵《ちえ》を磨きたい。読書の秋到来《とうらい》。

〝皆さんの中に創価学会がある〟

2023年9月24日(日)

1970年9月に行われた、聖教新聞社の新社《しんしゃ》屋《おく》の落成式に、一人のドイツ人が参加した。池田先生は彼の姿《すがた》を見つけると、「あなたのことを待っていました」と語り、握手《あくしゅ》を交《か》わした。

当時、まだ入会2年。信心について理解できないことも多かったが、先生の温かな振《ふ》る舞《ま》いに、感動を覚えた。〝自分も広宣流布のためにベストを尽《つ》くしたい〟——そう心に定めた彼は、帰国後、決意新たに活動に励《はげ》み、ドイツ各地を対話に奔走《ほんそう》した。

彼が〝ドイツのメンバーにとって大切な指導〟

と語る先生の言葉がある。63年に支部が結成されたドイツは、76年9月には6支部13地区の陣容《じんよう》に。この時、先生は「皆《みな》さんが創価学会の中にいるのではなく、皆さんそれぞれの中に創価学会がある」との指針《ししん》を贈《おく》った。

この前年、訪米《ほうべい》した先生は青年たちと懇談《こんだん》。キッシンジャー国務長官との会見を控《ひか》え、〝あまり創価学会色を出さずに話した方《ほう》がよいのではないか〟と言うメンバーに語った。「私の存在《そんざい》そのものが創価学会だ。すっきりと『アイ・アム・ザ・ソウカガッカイ』でいこう」

同じ行動をしていても「能動」か「受動」かで、その充実度《じゅうじつど》は大きく変わる。私は広布の主体者――その誇《ほこ》りに燃《も》え、前進する日々でありたい。

第4章

2023年10月～12月

- 民主音楽協会（民音）創立60周年（10・18）
- 東京富士美術館 開館40周年（11・3）
- 池田先生ご逝去（11・15）
- 広宣流布大誓堂完成10周年（11・18）
- 「11月15日」を「第３代会長池田大作先生命日」と制定（11・27）
- 消費税のインボイス制度開始（10・1）
- 大谷翔平選手、米大リーグで本塁打王（10・1）
- 将棋の藤井聡太竜王が史上初の八冠独占（10・11）
- プロ野球阪神タイガース、38年ぶり日本一（11・5）

〝青年にできるだけのことをしてやってくれ〟

2023年10月1日(日)

戸田城聖先生が愛読した作家の一人に、山本周五郎がいる。周五郎は小学校卒業後、丁稚奉公《でっちぼうこう》に出た。奉公先は「山本周五郎質店《しちてん》」。店主の名前がペンネームの由来《ゆらい》ともいわれる。

周五郎は働きながら学んだ。文学に関心があった店主も、競《きそ》うように読書に励《はげ》んだ。周五郎の文才に期待《きたい》し、奉公を終えてからも応援《おうえん》を続けた。

店主は折々《おりおり》に語った。「おまえが一人前の物書《ものか》きになれたら、そのときは、だれでもいいおまえの前にあらわれた好青年に、出来《でき》るだけのことをしてやってくれ。それが本当の人間の財産というものだ」（『人間　山本周五郎』小峯書店）。この言葉を、周五郎は終生《しゅうせい》忘《わす》れなかった。

「恩送り」という言葉がある。恩は「返す」ことも大事だが、若《わか》い自分が受けたように、次代の青年に「送る」ことに、さらに価値がある。戸田先生はかつて、東北ラジオ放送局のインタビューで、学会に青年が多いのは「哲学《てつがく》が深いからです」と答えた。そして、哲学を究《きわ》めようとする青年と共に「私も、その道を歩んでいる」「〝山を目指して一緒《いっしょ》に歩こう〟と言っているのです」と。

「青年と共に」「青年のために」こそ、より良き社会を育《はぐく》む精神の土台。三代の師匠《ししょう》が築《きず》いた、学会の誇《ほこ》るべき伝統でもある。

一瞬《いっしゅん》に全精魂《ぜんせいこん》を注《そそ》ぐ師の励《はげ》まし

2023年10月2日(月)

40年前の1983年、池田先生を乗せた列車がベルギーのブリュッセル南駅に到着《とうちゃく》すると、そこには50人ほどのメンバーが待っていた。停車時間は7分。ホームに降《お》りた先生は、「〝座談会〟をしよう」と語り、一人一人と握手《あくしゅ》を交《か》わした。

その中に、現地で料理人として働く日本出身の男性がいた。列車が出発した後、先生は車中から、「将来《しょうらい》、レストランの一つや二つ持てるようになるよ」「私はあなたのことを見守っています」と伝言を送った。

8年後、彼はブリュッセル市内にフランス料理店をオープン。ＥＵ（欧州連合《おうしゅう》）首脳《しゅのう》の間《あいだ》でも評判の店となった。彼はベルギー在住の日本人として初めて、フランス料理アカデミー・ベネルクス支部の会員に選出された。

一瞬《いっしゅん》に全精魂《ぜんせいこん》を注《そそ》ぐ師の励《はげ》まし。そうしたエピソードは、世界各地に刻《きざ》まれる。欧州のあるリーダーは、各国を激励《げきれい》に回る中で、何人もの友が、先生が欧州を訪問《ほうもん》した時の出会いを原点としていることを改《あらた》めて知った。

「〝これでもか〟というほど、一人を徹底《てってい》して大切にされる先生の励ましがあって、今の世界広布の礎《いしずえ》は築《きず》かれたと実感します」と。きょう「世界平和の日」。師の激闘《げきとう》に連《つら》なり、わが使命の地域に幸福の連帯を大きく広げよう。

奄美《あまみ》の〝60歳の教育実習生〟——あす「勝利島部《しょうりとうぶ》の日」

2023年10月6日(金)

〝60歳の教育実習生〟と話題の女性部員が、鹿児島・奄美大島《あまみおおしま》にいる。

教員になるのが夢だった彼女は、経済的《けいざいてき》な理由で働きながら創価大学の通信教育部に学び始める。仕事や子育て、スポーツ少年団での水泳指導など、多忙《たぼう》な日々の中で一度は学籍《がくせき》を失効《しっこう》。夫の胆管《たんかん》がん、自身の2度の乳《にゅう》がんなど、苦難《くなん》が続いた。そのたびに奄美の〝スットゴレ!(負けてたまるか!)〟の精神を奮《ふる》い立《た》たせた。

病状が落ち着いた一昨年、再《ふたた》び創大通教の教育学部に。本年6月、島の小学校で教育実習を行《おこな》った。年齢《ねんれい》制限で採用《さいよう》試験は受けられないため、次の目標は期限付きの任用職員。「私の諦《あきら》めない姿《すがた》を通して、関わる子どもたちに勇気と希望を送りたい」と語る彼女の挑戦《ちょうせん》を、創価女子短大を卒業した長女、創大で学ぶ次女と三女の〝同窓生《どうそうせい》〟も温かく応援《おうえん》している。

どんな環境《かんきょう》にあっても、人生の挑戦《ちょうせん》に年齢は関係ない。不屈《ふくつ》の負《ま》けじ魂《だましい》がある限り、人はどこまでも高みを目指して成長することができる。

「信心強盛《ごうじょう》な一人の学会員がいれば、島全体が希望に包《つつ》まれ、歓喜《かんき》に満《み》たされていきます」と池田先生。愛する島で信頼《しんらい》の根を張り、友情を広げる宝友《ほうゆう》に、心からエールを送りたい。あす7日は「勝利島部《しょうりとうぶ》の日」。

一日も早い復興《ふっこう》を――ハワイの山火事から２カ月

2023年10月8日(日)

ハワイ・マウイ島での山火事発生《はっせい》から、現地時間の８日で２カ月となる。米国の過去１００年で最悪といわれる被害《ひがい》に遭《あ》った同島では、今も懸命《けんめい》な復旧《ふっきゅう》作業が続く。

現地にあるアメリカＳＧＩのマウイ会館は、発生直後から飲料水や食料品、携帯電話《けいたいでんわ》の充電器《じゅうでんき》などを提供する会場として開放された。メンバーは時間があれば会館に集《つど》い、連日、復興《ふっこう》を祈《いの》った。

ある女子部のリーダーは山火事から母と共《とも》に脱出《だっしゅつ》。自《みずか》ら被災《ひさい》しながらも〝つらい思いをしている人を勇気づけたい〟と、避難所《ひなんじょ》のホテルにいた友人に声をかけ、真心からの励《はげ》ましを送ったという。

小説『新・人間革命』第28巻「勝利島《しょうりとう》」の章には、1964年9月下《げ》旬《じゅん》、台風20号で鹿児島県の種子島《たねがしま》、屋久《やく》島が大きな被害を受けたシーンが描《えが》かれる。被害の状況《じょうきょう》を聞いた山本伸一は「被災された皆《みな》さんは、試《し》練《れん》に負けずに敢然《かんぜん》と立ち上がり、周囲の人びとに、希望の光、勇気の光を、送り続けてほしい」と呼《よ》びかけた。この言葉を体現《たいげん》する創価の同志の行動は、どんな困難《こんなん》にも断《だん》じて屈《くっ》しない仏法者の生き方そのものだ。

焼け野原が広がるマウイ島の方々《かたがた》の苦痛《くつう》はいかばかりか。世界の友と心一つに、一日も早い復興をいや増して真剣《しんけん》に祈念《きねん》していこう。

幕末《ばくまつ》に民衆《みんしゅう》の中に芽生《めば》えた意識

2023年10月9日(月・祝)

160年前、高杉晋作《たかすぎしんさく》は「奇兵隊《きへいたい》」を結成した。入隊条件《じょうけん》は、身分でも経歴《けいれき》でもなく「志《こころざし》」があるか否《いな》か。下級武士や農民などが入隊を希望した。外国艦《かん》が攻《せ》め寄《よ》せていた幕末《ばくまつ》。民衆《みんしゅう》の中には、自分たちの郷土《きょうど》は自分たちで守らねばならないといった意識が芽生《めば》え始めていた。その後、奇兵隊と同様の諸隊《しょたい》が次々《つぎつぎ》と結成。民衆の「志」が維新《いしん》回天《かいてん》の原動力となった(一坂太郎著『高杉晋作　情熱と挑戦の生涯』角川ソフィア文庫)。

1956年の10月9日から始まった「山口開拓《かいたく》指導」。75万世帯成就《じょうじゅ》の起爆剤《きばくざい》となった先駆《せんく》の闘《とう》争《そう》には、山口県に縁故《えんこ》のある会員のほか、池田先生と共《とも》に戦えると聞いた同志も名乗りを上げた。病苦《びょうく》や経済苦《けいざいく》などの宿命《しゅくめい》と闘《たたか》う友もいた。

亡《な》き父が派遣隊《はけんたい》に参加した岡山県の女性部員は語る。「まだ入会半年で、お金もない父は会員宅《たく》の納屋《なや》に泊《と》めてもらい、新品の靴《くつ》に穴《あな》が開《あ》くほど歩いたそうです」。そして無理解の壁《かべ》を打《う》ち破《やぶ》り、10世帯の弘教《ぐきょう》を結実。後年、「先生と戦えて本当に楽しかった」と述懐《じゅっかい》していたという。

池田先生は『志』――これこそ、山口開拓指導に携《たずさ》わった同志に共通する自発の力《ちから》である」と。師と共に大願《だいがん》に立つ。その力が結集した時、時代は動き、未来が開《ひら》く。

関西の同志の元に届《とど》いたブラジルからの手紙

2023年10月13日(金)

1960年10月末のこと。その日の夜、関西の壮年が帰宅《きたく》すると、一通の手紙が届《とど》いていた。差出人は池田先生。初の海外平和旅の途次《とじ》、ブラジルから送ったものだった。

「私の一生は恩師にお目にかかって、始まり、恩師の思想を達成することによって終《おわ》る運命」「願《ねが》わくば、大兄《たいけい》も恩師の真の弟子として、私とともに最後まで勇敢《ゆうかん》に進まれんことを切望《せつぼう》いたします」と。この手紙がつづられたのは、現地の10月19日の夜中だった。

この日の午前1時、ブラジルの地を踏《ふ》んだ先生は現地を視察《しさつ》し、サンパウロ市内の勤行会に出席。さらに、支部結成の打ち合わせを行《おこな》った。机《つくえ》に向かい、ペンを握《にぎ》るのは深夜になった。この事実を後に知った壮年は「唯一筋《ただひとすじ》に、広布の人材たらん、広布の礎《いしずえ》たらん」と決意。その誓《ちか》いのままの生涯《しょうがい》を歩《あゆ》み抜《ぬ》いた。

創価学会がわずか90年余《あま》りの間で世界宗教《せかいしゅうきょう》として飛翔《ひしょう》した源《みなもと》には、先生の「励《はげ》ましの戦い」があった。号令《ごうれい》だけで人の心は動かない。師の行動に連《つら》なり、一人が一人と生命の交流を深め、広げる限《かぎ》り、広布の前進に行き詰《づ》まりはない。

明年のテーマが「世界青年学会 開幕《かいまく》の年」と決定した。新たな息吹《いぶき》で、わが地域の青年と共《とも》に、青年の気概《きがい》で2030年へ前進したい。

なぜアフリカで4000万本以上の植樹《しょくじゅ》ができたのか

2023年10月14日(土)

環境《かんきょう》破壊《はかい》が深刻《しんこく》だったケニアで女性たちの力《ちから》を結集し、アフリカ全土で4000万本以上の植《しょく》樹《じゅ》に成功したワンガリ・マータイ博士。なぜ延《の》べ10万人が参加する運動を実現できたのか。大切にしたのは、皆《みな》が自《みずか》ら進んで取り組めるようにすることだった。

博士はイモ類や雑穀《ざっこく》など、地元の作物を植樹するよう心がけた。また、高等教育で学ぶ専門《せんもん》用語を使わず、伝統的な技術や知恵《ちえ》を生《い》かす森林管理方法に着目《ちゃくもく》した。

その結果、女性たちはプロの森林官が認《みと》めるほどの成功を収《おさ》める。博士は彼女たちを「免状《めんじょう》を持たない森林官」とたたえた（『新・現代アフリカ入門』岩波新書）。

先月のアフリカ教学研修会では、24カ国のSGIメンバーが仏法を研さんした。参加したガーナの友は「日蓮大聖人の教え通りに師弟の道を歩《あゆ》み抜《ぬ》けば、より良い未来を切り開く力を発揮《はっき》できることを学びました」と喜びいっぱいに語っていた。

無限の可能性を開いた一人が、自発能動《じはつのうどう》の心で、また次の一人を立ち上がらせる。その連鎖《れんさ》によって新しい時代は築かれる。63年前のきょう、池田先生は「21世紀はアフリカの世紀」になると宣言《せんげん》した。師の展望《てんぼう》を胸《むね》に、平和の使命に生きるアフリカの同志。共《とも》に世界広布の歩みを進めよう。

あなたが考える「平和」とは何ですか？

2023年10月17日(火)

原爆《げんばく》に関連した碑《ひ》は、全国にどれくらいあるのか。ある学生たちの調査で、北海道から沖縄県まで36都道府県に計554基あることが確認《かくにん》できた。

授業の一環《いっかん》として始まった調査だったが「意識が変わった」と学生は言う。電車の窓《まど》から碑を見つけて途《と》中《ちゅう》下車したり、旅先で発見したり。「多くの人の平和への願いがこもる碑をもっと身近に感じてほしい」と声に力《ちから》を込《こ》めた（「中国新聞」2022年5月16日付）。

男女学生部が全国で「学生平和意識調査」を実《じっ》

施《し》した（8月6日～9月17日）。質問の一つは「あなたが考える『平和』とは何ですか」。

島根県のある学生部員は「人と人が尊重《そんちょう》し合うこと」と回答した。友人にも回答をお願いすると快《こころよ》く応《おう》じてくれたといい、「平和とは何かを考えることができた。それ自体が大切だと気付いた」という。

池田先生は「『平和』とは、何なのか――そうやって考えていく、若《わか》き誠実《せいじつ》な心こそ、平和の源泉《げんせん》です」と教える。終戦から78年。被爆者《ひばくしゃ》は最少の山形県（9人）から最多の広島県（5万3460人）まで、現在も全国各地で暮《く》らす（3月末時点）。身近にある平和への思いを知り、自分にできることを考える。その小さな流れが、平和の大河《たいが》をつくる。

農漁村ルネサンスの旗手《きしゅ》たれ！

2023年10月24日（火）

きょう、農漁光部《のうぎょこうぶ》の友は結成50周年を迎《むか》えた。

徳島のイチゴ農家の青年は昨年、無添加《むてんか》のドライフルーツの加工・販売《はんばい》事業を立ち上げた。味《あじ》は変わらないのに規格外《きかくがい》で出荷《しゅっか》できず、破棄《はき》されてしまう農産物に心を痛《いた》めていた彼は、低温乾燥《かんそう》技術を使い、素材《そざい》を生《い》かした豊かな香《かお》りと甘《あま》みのある商品を開発。同じく食品ロスの削減《さくげん》を目指す農業者から委託《いたく》生産の依頼《いらい》が来る。

北海道の野菜農家の壮年は10年前から、土の中の微生物《びせいぶつ》を最大限に生かすことで、植物自体が持つ本来の力《ちから》を発揮《はっき》させる農業を開始。農薬や肥料を使わず、土壌環境《どじょうかんきょう》を再生する取り組みは今、国内外で注目される。本年、農林水産省の委託事業の講師としてブラジルに派遣《はけん》され、日系《にっけい》農業者らに現地指導を行《おこな》った。

農漁光部のモットーの一つに「農漁村ルネサンスの旗手《きしゅ》たれ！」と。「あきらめと無気力の闇《やみ》に包《つつ》まれた時代の閉塞《へいそく》を破《やぶ》るのは、人間の英知と信念の光彩《こうさい》だ。一人ひとりが、あの地、この地で、蘇生《そせい》の光を送る灯台となって、社会の航路《こうろ》を照《て》らし出《だ》すのだ。そこに、創価学会の使命がある」と池田先生。

地域や社会での自身の振《ふ》る舞《ま》いの中に仏法はある。自分が今いる場所こそ、仏法者の慈悲《じひ》と智慧《ちえ》を発揮する本舞台《ほんぶたい》にほかならない。

『史記《しき》』を著《あらわ》した司馬遷《しばせん》の志《こころざし》

2023年10月27日(金)

物理学者の寺田寅彦《とらひこ》は随筆家《ずいひつか》としても名を残した。ユニークな視点《してん》と思考から繰《く》り出《だ》す文章には、思わず膝《ひざ》を打つことも多い。

「物を書くのには頭と眼と手だけでいいと思っていたのは誤《あやま》りであった。書くという仕事にはやっぱり『腹《はら》』や『腰《こし》』も入用なのである」（『柿《かき》の種《たね》』岩波文庫）。これは筋肉痛《きんにくつう》になった寺田の実体験からの感想。だが、全身全霊《ぜんしんぜんれい》で書くという〝執筆《しっぴつ》の心構え〟としての深意《しんい》をも突《つ》いている。

文字通り身も心も削《けず》って書いた歴史家として脳裏《のうり》に浮《う》かぶのは司馬遷《しばせん》だ。『史記《しき》』全130巻は歴史文学の傑作《けっさく》として、今も広く読まれている。

同書作成の途中《とちゅう》、戦《いくさ》の敗将《はいしょう》をたたえた行為《こうい》が皇帝《こうてい》の怒《いか》りを買い、司馬遷は宮刑《きゅうけい》を受けた。その屈辱《くつじょく》を克服《こくふく》させたのは高い志《こころざし》だった。司馬遷は書簡《しょかん》に記した。〝これを書き終え、世に伝えられるなら、1万回処刑《しょけい》されても悔《く》いはない〟と。そこには正しい書を後世に残さんとする使命感がたぎる。

本を読むことは、書き手と読み手の魂《たましい》が打ち合う〝精神の格闘《かくとう》〟ともいえよう。池田先生は「読書し抜《ぬ》いた人が、最後に勝つ。『負けじ魂』を朗《ほが》らかな心根《こころね》の中に培《つちか》う秘訣《ひけつ》も読書であろう」と述べている。きょうから読書週間が始まる。大いに心を鍛《きた》えたい。

文字も人なり

2023年10月28日(土)

最近、筆跡《ひっせき》心理学という言葉を耳にした。人が書いた文字から深層《しんそう》心理を読み解くもので、ヨーロッパでは100年以上の歴史がある。「文は人なり」と言うが「文字も人なり」のようだ。

日蓮大聖人の御書の大半を占《し》めるのは、門下に送られた手紙である。供養《くよう》に対する返事では、書き出しの部分で、供物《くもつ》の内容と数が詳細《しょうさい》に書かれている。それだけではない。直筆《じきひつ》を見ると、文字の大きさに驚《おどろ》くことがある。

例えば「千日尼御返事《せんにちあまごへんじ》」。冒頭《ぼうとう》には「鵝目一貫《がもくいっかん》五百文《もん》・のり・わかめ・ほしい、しなじなの物、給《た》び候《そうら》い了《お》わんぬ」（新1748・全1318）とある。その最初の「鵝目一貫」の４文字は、他の文字の数倍のサイズで、縦《たて》約30センチの紙の一行分を占めている（『日蓮の心』第三文明社）。

当時、紙は貴重品《きちょうひん》だった。その中で、大聖人は門下の真心を大切にされた。供物への感謝を大きく、力強《ちからづよ》く書かれた筆致《ひっち》からは、門下に対する大慈大悲《だいじだいひ》を感じずにはいられない。この麗《うるわ》しい師弟の絆《きずな》があったからこそ、門下たちはいかなる困難《こんなん》も乗《の》り越《こ》えられたのだろう。

言葉のやり取りが便利な時代ゆえに、手紙であれ、メールであれ、一字一句に真心を込《こ》めたい。自動で作られたものに負けない〝心ある言葉〟を。

知と美を民衆《みんしゅう》の手に

2023年11月3日(金・祝)

日本の文庫本のうち、創刊《そうかん》以来、中断なく続く最古は「岩波文庫」である。1927年の第1回配本では夏目漱石《そうせき》の『こころ』、プラトンの『ソクラテスの弁明・クリトン』などを発刊。世界中の名著《めいちょ》を、大衆《たいしゅう》も気軽に手にできるようになった。

同文庫の各本に掲載《けいさい》される「読書子に寄《よ》す――岩波文庫発刊に際して――」の冒頭《ぼうとう》にある「真理は万人によって求められることを自《みずか》ら欲《ほっ》し、芸術は万人によって愛されることを自ら望む」の文に、〝知と美を民衆《みんしゅう》の手に〟との高い志《こころざし》を感じる。

池田先生が創立《そうりつ》した東京富士美術館は、きょう開館40周年を迎《むか》えた。同館も〝本物の芸術を万人に〟との信念で活動してきた。

かつて、同館が企画《きかく》した展示会《てんじかい》に目の不自由な女性が鑑賞《かんしょう》に来た。役員が寄《よ》り添《そ》い、展示を一点一点紹介《しょうかい》した。数日後、その女性が目の見える友人を伴《ともな》い、再《ふたた》び来館。「目の前の展示物は〇〇です」と言う友人に、女性は展示物を熱心に説明した。「何としても友人に見てほしいと思い、先日、教わった内容を何度も復習して来ました」

美術館にとって、こういう来館者を迎える以上の誉《ほま》れはあるまい。展示を見ることはできなくても、心で感じることはできる。文化の本質は、心で吸収《きゅうしゅう》するものである。

良書《りょうしょ》を読むことが人生の骨格《こっかく》に

2023年11月4日(土)

作家の石川好《よしみ》さんが、かつて「本は、読者との出あいを待《ま》ってくれています」と教えてくれた。「誰《だれ》に、いつ発見されるか分かりませんが、じっと待ってくれるのですから、ありがたい話です。ですから、『本がある環境《かんきょう》』が大切です」と。

図書館や本屋へ行った時、書架《しょか》等に並《なら》んでいる本を眺《なが》めるだけでワクワクし、時間がたつのを忘《わす》れてしまった経験がある。自分が探《さが》している本しか目に入《はい》りにくい、ネットでの本の検索《けんさく》では、なかなか味わえないことかもしれない。

石川さんはさらに「本を読む習慣《しゅうかん》をつけよう」

と訴《うった》える。読書が習慣になった人は、やがて良書《りょうしょ》に出あうからだという。だから「本を読む習慣は『良書を買《か》って読む習慣』となって表《あらわ》れてこなければいけません」とも。一冊《いっさつ》の良書は偉大《いだい》な教師に巡《めぐ》り合ったのと同じであり、良書を読むことが人生の骨格《こっかく》をつくる。

創価学会は1974年以来、辺地や離島《りとう》、また地震《じしん》や台風等の災害《さいがい》で被害を受けた学校などを中心に優良《ゆうりょう》図書を計55万冊以上寄贈《きぞう》し、「本がある環境」の一助《いちじょ》としてきた。伊豆《いず》大島出身の石川さんも「教育で人をつくる」最重要の活動と評価する。

読書週間真《ま》っただ中。スマホの代《か》わりに本を手にし、読書週間を読書習慣にしたい。

魂《たましい》をこめた仕事は永遠に朽《く》ちない

2023年11月14日(火)

一生を懸《か》けてする仕事を「ライフワーク」という。それにかけた「ライスワーク」(ご飯を食べるための仕事)、「ライクワーク」(好きなことを仕事にする)という言葉も聞く。

むろん仕事に優劣《ゆうれつ》はない。堅実《けんじつ》な生活のために働くことは尊《とうと》いし、それが好きな仕事ならなお素《す》晴《ば》らしい。ただ、ライフには「生活」のほかに「人生」「生命」の意味もあることを思えば、ライフワークという言葉の重みは一段《いちだん》と増《ま》す。

橋梁《きょうりょう》の補修《ほしゅう》を仕事にする壮年部員がいた。毎日が「事故が発生してからでは遅《おそ》い」「何が起こるか分からない」という〝未然《みぜん》〟〝未知〟との戦い。〝人の命を守る仕事〟との信念で働いた。だが息子は「医療従事者《いりょうじゅうじしゃ》や警察《けいさつ》・消防の仕事じゃあるまいし」と冷《さ》めていた。

しかし、ある地域に豪雨被害《ごううひがい》が出た時のこと。壮年も補修に関わった橋が濁流《だくりゅう》に壊《こわ》されなかったおかげで、住民が無事に避難《ひなん》できたことを、息子はニュースで知った。尊敬《そんけい》の念《ねん》が湧《わ》いてきた。

壮年は先頃《さきごろ》、天寿《てんじゅ》を全《まっと》うした。遺品《いひん》に、退職後もなお、橋の勉強を続けていたノートが何冊《なんさつ》も見つかった。どれも最初のページには池田先生の言葉が記されていた。「魂《たましい》をこめた仕事は永遠に朽《く》ちない」。壮年は自《みずか》らの人生でそれを証明したのだ。

仏法理解の輪《わ》は信頼《しんらい》厚《あつ》き一人から広がる

2023年11月15日(水)

日蓮大聖人は、流罪地《るざいち》の佐渡《さど》で迫害《はくがい》から守られたのは、中興次郎入道《なかおきのじろうにゅうどう》の存在《そんざい》が大きかった、と仰《おお》せだ。〝地域の名士〟として慕《した》われた彼は、大聖人の人格に触《ふ》れ、「何か格別なところがある方《かた》」(新1769・全1333、趣意)と述べた。

流罪された大聖人を、佐渡の多くの人は憎《にく》んでいた。その状況《じょうきょう》に照《て》らせば、中興次郎入道の発言が、いかに勇気あるものだったか。この一言によって、命を狙《ねら》われていた大聖人を取り巻く環境《かんきょう》は大きく変わった。

幼《おさな》くして、父を亡《な》くした沖縄の壮年は小学生の頃《ころ》から、病弱な母を支え、働いた。結婚《けっこん》後も続く過酷《かこく》な生活の中、〝信心で必ず幸せになれる〟との学会員の確信に触れ、入会する。

〝学会は貧乏人《びんぼうにん》と病人ばかり〟と揶揄《やゆ》する声を聞くと、壮年は学会の真実を語る決意に燃えた。懸命《けんめい》な努力で建設会社を設立。地域に信頼《しんらい》を広げ、周囲から推《お》されて自治会長を20年務《つと》めた。今年で入会60年。自宅《じたく》を個人会場として長年提供《ていきょう》し、子や孫と広布に生きる喜びを、妻と共《とも》にかみ締《し》めている。

池田先生は広宣流布とは「誠実《せいじつ》に身近な家族、友人、知人の一人ひとりを大切にすること」と。「地域部の日」のきょう、自身の人格を磨《みが》き、わが地域の楽土建設へ誓《ちか》いを新たにしたい。

被災地《ひさいち》のために——音楽隊の挑戦《ちょうせん》

2023年11月16日（木）

3大会連続のそろっての快挙《かいきょ》に団員の笑顔がはじけた。先月行われた全日本吹奏楽《すいそうがく》コンクール。創価グロリア吹奏楽団と関西吹奏楽団が共《とも》に金賞に輝《かがや》いた。

「支えてくれた家族や同志に感謝しかありません。何より、この栄冠《えいかん》を、東北をはじめとする被《ひ》災地《さいち》の皆さまにささげます」。創価グロリア吹奏楽団の楽団長の言葉が印象深かった。

先日、同楽団が掲《かか》げてきた「御祈念項目《ごきねんこうもく》」を目にして胸《むね》を打たれた。その中に「被災地の一日も早い復興《ふっこう》」とあったからだ。被災した方々《かたがた》の心の傷《きず》が癒《い》える、その日まで徹底《てってい》して励《はげ》ましを送り続けよう——「復興」の二字に込《こ》めた、団員たちの思いである。

音楽隊は「希望の絆《きずな》」コンサートと題し、被災地での演奏《えんそう》に力《ちから》を注《そそ》いできた。観客の中には、「明日から生きる元気をもらった」と語る年配の方、「将来《しょうらい》、グロリアに入りたい！」と言う未来部員も。そのたびに団員は、池田先生が音楽隊に示《しめ》した「心は心でしか、温めることはできない」との指針《ししん》をかみ締《し》めた。

御書には「音《おん》の哀楽《あいらく》をもって国の盛衰《せいすい》を知る」（新921・全88）と仰《おお》せだ。この「音」は、人々の「心音」に共鳴《きょうめい》するとも言えよう。悲嘆《ひたん》の「哀音《あいおん》」を、不屈《ふくつ》の「妙音《みょうおん》」で包《つつ》む——音楽隊の挑戦《ちょうせん》は続く。

遠い未来を考えて生きる

2023年11月17日(金)

池田先生とトインビー博士の対談集『21世紀への対話』の英語版を発刊した英オックスフォード大学出版局。かつて同局の統括《とうかつ》責任者のロジャー・エリオット卿《きょう》は先生と対談を行《おこな》った。

その時、〝書籍《しょせき》出版の使命感〟を語ったロジャー卿の言葉が印象深い。「私は、わが出版局が20年後にも、100年後にも、たゆみなく活発に活動していると信じます」「『遠い未来を考えて生きる』ことは、一つの組織にとってのみならず、個人の人生にとっても非常に重要なことです」

11・18「学会創立《そうりつ》記念日」は93年前、牧口先生

の大著《たいちょ》『創価教育学体系《たいけい》』を、戸田先生が発刊したことに淵源《えんげん》を持つ。今や地球規模《きぼ》で創価の哲学《てつがく》が広がった根源に、師弟の大願があった。

70年前の11月、牧口先生の十回忌《かいき》に際して戸田先生は先師の『価値論』を補訂《ほてい》・再版し、世界の大学・研究所に贈呈した。これまで池田先生に贈《おく》られた数々の名誉学術称号《しょうごう》は、牧口先生の思想を世界が正しく認識《にんしき》した証左《しょうさ》でもあろう。

『価値論』の結びの文章に「人間の生命を説《と》き明《あ》かす真実の仏法が流布された時に始めて無上最大の幸福なる寂光土《じゃっこうど》が建設されるのである」と。学会と共《とも》に日々歩《あゆ》む私たちの道は、過去から未来へと続く壮大《そうだい》なる師弟の道である。

新たな人間革命の幕《まく》を開《ひら》く時

2023年12月2日(土)

フランスの文豪《ぶんごう》ユゴーが、ナポレオン3世に対する正義の言論闘争《げんろんとうそう》を宣言《せんげん》したのは、1851年12月2日のことである。

その後、19年に及《およ》ぶ亡命中《ぼうめいちゅう》も独裁者を糾弾《きゅうだん》し、言葉の力《ちから》で民衆《みんしゅう》を鼓舞《こぶ》した。この時期に生まれたのが、不朽《ふきゅう》の名作『レ・ミゼラブル』だ。ユゴーは同書に記している。「民衆をとおしてものをながめたまえ。そうすれば真理《しんり》がわかるだろう」(辻昶訳)

1964年12月2日、池田先生は戦争の辛酸《しんさん》をなめた沖縄で小説『人間革命』の筆《ふで》を起こした。

恩師・戸田先生の伝記小説に描《えが》かれるのは権力《けんりょく》の魔性《ましょう》との闘争の歴史であり、民衆の蘇生《そせい》のドラマである。小説は時に同時代性を帯《お》びて、現実社会に対する言論を展開《てんかい》した。

『人間革命』『新・人間革命』は師匠《ししょう》が命を削《けず》るようにして魂《たましい》をとどめた一書。小説を通して師と心の対話を重《かさ》ね、「山本伸一」の自覚で立つ友は今、世界に広がる。

池田先生はつづった。「無名の民衆が織《お》り成《な》す人生の凱歌《がいか》の姿《すがた》のなかにこそ、日蓮仏法の偉大《いだい》なる法理《ほうり》の証明があり、創価学会の実像《じつぞう》がある」（『新・人間革命』第2巻「民衆の旗《はた》」の章）と。師匠の偉大な正義と真実を証明するのは、弟子の行動である。師を胸《むね》に、新たな人間革命の幕《まく》を開《ひら》く時が来た。

きょう3日は「国際障害者デー」

2023年12月3日(日)

「能力の欠如《けつじょ》」としての障《しょう》がいのイメージは、産業社会の発展《はってん》とともに生まれたとされる。人間を「交換《こうかん》可能な労働力」と考え、障がい者は「それができない人」とみなされた。

その考え方を転換《てんかん》したのが改正障害者基本法。視覚《しかく》障がいでいえば、〝見えない〟ことが障がいではなく、〝見えないために何かができなくなるような社会の壁《かべ》〟を障がいと位置付ける。

東京工業大学の伊藤亜紗《あさ》教授は「見えない人は大変だろう」と想定する〝健常者の善意《ぜんい》〟が、かえって障がい者に対して「善意のバリア」をつくると指摘《してき》。配慮《はいりょ》しつつも、ユーモアを交《まじ》えて緊張《きんちょう》した関係をもみほぐす大切さを訴《うった》える(『目の見えない人は世界をどう見ているのか』光文社)。

修士課程で特別支援《しえん》教育を学ぶアメリカのある女子部員は、生まれて間《ま》もなく悪性の眼腫瘍《がんしゅよう》で左目を摘出《てきしゅつ》。低身長等を引き起こす軟骨低形成《なんこつていけいせい》症《しょう》の診断《しんだん》も受けた。それでも前に進めたのは、高校の担任《たんにん》が陸上やバイオリンなど多くの課外活動に挑戦《ちょうせん》させてくれたから。特別扱《あつか》いせずに可能性を信じてくれた恩《おん》に報《むく》いようと、学びながら教員として働く。

きょう3日は「国際障害者デー」。「すべての人が参加できる社会」を目指し、垣根《かきね》のない人間交流を育《はぐく》もう。

「大《おお》いなる仕事は、いつも小さなところから始まります」

2023年12月4日(月)

1964年12月2日、池田先生はこの日の会合の中で最も小さな集いである沖縄学生部員会に出席した。ここから日本、世界を背負《せお》う人材が出ることを念願し、全員と握手《あくしゅ》を交《か》わした。

同日の朝、沖縄本部(当時)の一室で小説『人間革命』を起稿《きこう》したことを、先生は語っていない。だが、自身の変革《へんかく》によって宿命《しゅくめい》の島を楽土《らくど》へと転《てん》換《かん》する人間革命の実践《じっせん》を、一人一人に強く願った。そこから使命に目覚めた友が陸続《りくぞく》と立ち上がった。

後年《こうねん》、小説が書き起こされた部屋を訪《おとず》れた南アフリカの詩人ムチャーリ氏は語った。「大《おお》いなる仕事は、いつも小さなところから始まります」。世界広布の連帯も、師の叫《さけ》びに呼応《こおう》する弟子の一歩から始まる。

涅槃経《ねはんぎょう》に登場する「師子吼菩薩《ししくぼさつ》」。その求道心《きゅうどうしん》をたたえ、釈尊《しゃくそん》は師子吼する理由を明《あ》かした。「眠《ねむ》れる者たちを目覚めさせるため」「子どもらに教え説《と》くため」「眷属《けんぞく》の威勢《いせい》を増《ま》すため」等々。一人の師子吼は人々を鼓《こ》舞《ぶ》し、苦難《くなん》に勝つ力《ちから》をもたらすと説いた。

池田先生は沖縄で小説を起稿した理由をつづっている。戦争による悲《ひ》劇《げき》の島で〝学会の原点ともいうべき、平和建設の力強《ちからづよ》い凱歌《がいか》を聞いたから〟と。師が示した偉大《いだい》な人間革命は、弟子の実践で世界的出来事《できごと》となる。

創立者と創価教育同窓生《どうそうせい》の「父子《ふし》一体の歩《あゆ》み」は続く

2023年12月6日（水）

総本部の創価文化センター（東京・新宿区）で開《かい》催中《さいちゅう》の「挿絵《さしえ》でたどる『新・人間革命』名場面展《てん》――創価教育編《へん》」。小説『新・人間革命』に描《えが》かれた創価一貫《いっかん》教育の歴史や、創価の学《まな》びやに集《つど》った一人一人に心を砕《くだ》く創立者・山本伸一の励《はげ》ましを、内田健一郎さんの挿絵等と共に紹介《しょうかい》している（12月28日まで）。

伸一が創価女子学園（現・関西創価学園）を訪問《ほうもん》した時のこと。校内の駐輪場《ちゅうりんじょう》に来ると、メモに一文を書き、自転車の荷台《にだい》に挟《はさ》んで学園を後《あと》にした。やがて授業を終《お》えた生徒が、そのメモを見つけた。

「絶対に無事故《むじこ》でね。頼《たの》みます。伸一」

このエピソードは、こう結《むす》ばれている。「メモを見た生徒の目頭《めがしら》が潤《うる》んだ。自分たちのことを、本当の娘《むすめ》のように心配し、無事故を願《ねが》う創立者の心が痛《いた》いほど感じられた」（第17巻「希望」の章）。こうした創立者との心の交流が展示《てんじ》でよみがえり、何度も熱いものが込《こ》み上げた。

創立者の訃報《ふほう》に接した学園生が強く語っていた。「今、この時に学園生である私たちは『学園新時代の1期生である』との自覚で、一丸《いちがん》となって創立者の喜ばれる学園を築き上げる決意です」

創立者と創価教育同窓生《どうそうせい》の「父子《ふし》一体の歩《あゆ》み」は続く。きょうも。あすも。そして未来永遠に。

「壁《かべ》の向こうに友人がいる」

2023年12月10日（日）

外資系会社《がいしけいがいしゃ》に勤務《きんむ》するアメリカ在住の友人が、「日曜日の午前になると〝分断《ぶんだん》の闇《やみ》〟の深さを感じる」と語っていた。それは、人種や民族ごとに分かれて礼拝する宗教《しゅうきょう》文化を指《さ》していた。

しかし、ＳＧＩの座談会に参加すると、さまざまな人種の友が和《なご》やかに語り合い、一緒《いっしょ》に平和を祈《いの》っている。その輪《わ》の中には、紛争《ふんそう》状態にある地域の出身者同士の姿《すがた》も。彼は驚嘆《きょうたん》した。「〝希望の光〟に満《み》ちた世界への扉《とびら》が開かれる気がした」と。

作家の佐藤優《まさる》氏が本紙の取材で述べている。「目の前に分厚《ぶあつ》い壁《かべ》があるとき、社会革命家《かくめいか》は『壁を壊《こわ》そう』という発想になる。しかし人間革命を目指す人（SGIメンバー）は、『壁の向こうに友人がいる』と思えるんですね」

氏は、この人間革命の連帯を傑出《けっしゅつ》したリーダーシップで世界中に広げてきた池田先生の偉業《いぎょう》を絶賛《ぜっさん》してやまない。「創価学会がわずか90年余《あま》りの間に成《な》し遂《と》げた世界宗教としての歩《あゆ》みと、その基盤《きばん》となっている池田会長の思想から、現代の人々が学ぶべきものが多くある」

「そこに人間がいるから」――この透徹《とうてつ》した信念で、人種、民族、宗教、イデオロギーなど、あらゆる差異《さい》を超《こ》え、人間と人間を結んできた師の平和闘争《とうそう》に、我《われ》らは断《だん》じて続く。

〝ベストとは何か〟を示す

2023年12月13日(水)

あるベンチャー企業《きぎょう》に勤《つと》める男子部員は、職場の同僚《どうりょう》から〝ジャスティス(正義)の人〟と慕《した》われている。

モットーは、関西創価高校で胸《むね》に刻《きざ》んだ「他人の不幸のうえに自分の幸福を築くことはしない」。成果主義のビジネス界では、売り上げ以外は二の次でいい、という風潮《ふうちょう》もある。そうした中、〝得《とく》〟よりも〝徳《とく》〟を大切にする彼の姿勢《しせい》は、取引先から厚《あつ》い信頼《しんらい》を集め、優《すぐ》れた営業実績を残した。最年少で取締役《とりしまりやく》に就任《しゅうにん》し、現在は営業チームを統括《とうかつ》する。

米ハーバード大学名誉教授で、行政学の権威《けんい》であったジョン・モンゴメリー博士。彼は、晩年《ばんねん》まで理事を務《つと》めたアメリカ創価大学の開学に向けた会議で力説した。「〝ベスト〟といわれる大学を真似《まね》てはいけない。〝ベストとは何か〟を示す大学をつくろう」

社会のスタンダードを問い直し、人間にとっての「成功」や「幸福」とは何かを示す。そこに、創価教育の挑戦《ちょうせん》もある。牧口先生は「創価教育学緒論《しょろん》」の中で、〝社会の矛盾《むじゅん》、葛藤《かっとう》を解決するには、根本的《こんぽんてき》な人間性の変革《へんかく》が必要であり、それが教育の役目である〟と論《ろん》じた。

自身の人間革命を根本に、「万人《ばんにん》の幸福」を目指す生き方を、社会に広げていく――私たちは、その戦いに挑《いど》み続けたい。

学会の真実を伝える信仰《しんこう》体験

2023年12月16日(土)

明るく、元気な〝南米の風〟が、総本部に吹《ふ》き込んだ。今月、広宣流布大誓堂《だいせいどう》の誓願《せいがん》勤行会に参加するため、アルゼンチンから22人のＳＧＩメンバーが来日。世界聖教会館の見学に訪《おとず》れた。

「いつも日本の皆《みな》さんから希望をもらっています！」と語ったのは、同国ＳＧＩの機関誌《きかんし》の編集スタッフ。記念にと、完成したばかりの今月号を贈呈《ぞうてい》してくれた。そこには本紙で紹介《しょうかい》した日本の会員の信仰《しんこう》体験も、承諾《しょうだく》を得て掲載《けいさい》されていた。

「聖教新聞を、日本中、世界中の人に読ませたい」との戸田先生の熱願《ねつがん》を胸《むね》に、名実共《めいじつとも》に〝世界の聖教〟へと発展《はってん》させた池田先生。今や52カ国・地域で90の姉妹紙誌《しし》が発行され、毎月のように、日本の同志の体験談を転載《てんさい》したい、との依頼《いらい》が届く。

体験とは「生きた宗教」の証《あか》しである。体験には日蓮仏法の哲学《てつがく》の深さ、現実変革《へんかく》の信仰の強さが如実《にょじつ》に表れる。学会の真実を伝えるのに、生き生きとした体験ほど説得力のあるものはあるまい。

本年の掉尾《とうび》を飾《かざ》る座談会が、各地でにぎやかに開かれている。明るい会合の秘訣《ひけつ》について池田先生は「どれだけの人が功徳《くどく》の体験を語れるかが勝負です」と。日々の着実な「信行学《しんぎょうがく》」の実践《じっせん》を確認《かくにん》し合い、共々に〝功徳の大輪《たいりん》〟を咲《さ》かせよう。

写真家・安井仲治《やすいなかじ》が重視《じゅうし》したもの

2023年12月17日(日)

今月、生誕《せいたん》120年を迎《むか》えた写真家・安井仲《やすいなか》治《じ》。大正デモクラシーを生き、38歳の若《わか》さで没《ぼっ》するが、時代のうねりの中で人々の営《いとな》みを写し続けた。

安井が重視《じゅうし》したのは、写真の技法《ぎほう》はもとより、被写体《ひしゃたい》に対する姿勢《しせい》だった。「見る者と見られる者、その間には何の関係もない様《よう》で、しかし又《また》、目に見えぬ何か大きな糸ででも結《むす》ばれてゐる様に思はれます」(『日本の写真家9　安井仲治』岩波書店)。路傍《ろぼう》の労働者や貧《まず》しい子ども、老人たち――カメラを向けたその全《すべ》てに深い尊厳《そんげん》を見いだしながら写した。

池田大作先生は写真を愛した。1971年、北海道の大沼湖畔《おおぬまこはん》で撮影《さつえい》した月が最初の作品だった。以来、世界広布へ東奔西走《とうほんせいそう》する激闘《げきとう》の中で、二度と来ない一瞬《いっしゅん》をとどめようとシャッターを切り続けた。

後に先生は、月を写す時の真情をつづっている。「華《はな》やかな表舞台《おもてぶたい》の人よりも、陰《かげ》の人にこそ合掌《がっしょう》する思いで、私は生きている。だから、月が撮《と》りたかった」と。

日本全国そして世界の会館には、先生が撮影された写真が飾《かざ》られている。その一つ一つが、見えない糸で結ばれた師と弟子の心の絆《きずな》だ。先生が信じ見つめた、万人尊敬《そんけい》の美しい世界。その大理想の実現へ、私たちは永遠に師弟共戦の旅を続ける。

大谷選手のドジャース移籍《いせき》の決め手

2023年12月19日(火)

WBCの世界一から始まり、阪神《はんしん》の38年ぶりの日本一と、話題満載《まんさい》だった今年の球界。その掉尾《とうび》を飾《かざ》ったのは、やはり世界の二刀流・大谷翔平《しょうへい》選手だった。

大リーグ・ドジャースと10年契約《けいやく》を結んで行われた先日の入団会見。移籍《いせき》の決め手になったのは「勝ちへのこだわり」だ。

この10年で地区優勝《ゆうしょう》は9度ながら、ワールドシリーズ制覇《せいは》は1度だったドジャース。交渉《こうしょう》の中でチームが話していたのは〝この10年を成功だと思っていない〟との言葉だった。会見で「勝つことが僕《ぼく》にとって一番大事なこと」「全員が勝ちに、同じ方向を向いていることが大事」と語った大谷選手。現状に満足せず、さらなる高みを目指す。湧《わ》き上がる勝利への渇望《かつぼう》が、彼の決断を後押《あとお》しした。

1974年の秋、池田先生はドジャースの選手たちから贈《おく》られた野球用具を、草創《そうそう》の創価大学硬式《こうしき》野球部に寄贈《きぞう》した。世界の最高峰《さいこうほう》とつながり、人間的に成長し、人間として勝ってほしいとの願いからだった。翌《よく》年《ねん》、創大は1部リーグに昇格《しょうかく》。やがて全国屈指《くっし》の強豪校《きょうごうこう》となり、多くのプロ野球選手も誕生《たんじょう》した。OBたちの今季の活躍《かつやく》も記憶《きおく》に新しい。

自分に勝ち、同志と同じ心で勝つ。我《われ》らも広布の最高峰に挑《いど》む覚悟《かくご》を、まず自《みずか》らに問いたい。

きょう「冬至《とうじ》」――規則正《きそくただ》しく運行する宇宙《うちゅう》

2023年12月22日(金)

「太陽の中心が冬至点《とうじ》を通過する日」と宇宙《うちゅう》のスケールで説明されても実感がない。「昼の時間が最《もっと》も短い日」と生活感ある言葉なら、ふに落ちる。きょうがその日、「冬至」である。

この先、昼の時間が長くなるなら、夜明《よあ》けが早まるのかと思い、国立天文台のホームページで東京の「日の出入り時刻《じこく》」を調べた。長くなる理由は、日の入り時刻が日に日に遅《おそ》くなっているためだった。日の出時刻が前日より早くなるのは来年1月とのこと。

巨大《きょだい》な惑星《わくせい》である地球が、分《ふん》や秒《びょう》といった小さな単位で、規則正《きそくただ》しく運行している。ダイナミックな運動は、緻密《ちみつ》なことの積《つ》み重《かさ》ねによってなされている――これは人間を含《ふく》む社会全体にもいえることであろう。

かつて、池田先生は未来へ進む青年を、こう励《はげ》ました。「あせる必要はない。いってみれば、地球もあせらない。太陽もあせらない。それでいて着実に、たゆむことなく『わが軌道《きどう》』を進んでいる」。そして、正しい人生の軌道を歩む大切さを強調した。

ゲーテの詩に「大《おお》いなる誠実《せいじつ》な努力も　ただ　たゆまずしずかに続けられるうちに　年がくれ　年があけ　いつの日か晴れやかに日の目を見る」（内藤道雄訳）と。着実な歩みを刻《きざ》む中で新年を迎《むか》えたい。

第5章

2024年1月～3月

- 池田先生、恩師の出版社・日本正学館初出勤75周年（1・3）
- 未来アクションフェスにSGIユースが参画（国立競技場、3・24）
- 池田先生、青年部の室長就任70周年（3・30）
- 石川で震度7の大地震が発生（能登半島地震、1・1）
- 世界的指揮者・小澤征爾氏が逝去（2・6）
- H3ロケット2号機の打ち上げ成功（2・17）
- 漫画家・鳥山明氏が逝去（3・1）
- 北陸新幹線、金沢－敦賀間が延伸開業（3・16）

能登半島地震《のとはんとうじしん》――温かな声を惜《お》しまず

2024年1月4日(木)

東北の地で東日本大震災《だいしんさい》を経験した際《さい》、「人の声」のありがたさが身に染《し》みた。発災《はっさい》直後から時《とき》折《おり》つながるメールで各地の友から〝真心の声〟が届《とど》いた。「大丈夫《だいじょうぶ》か？　何でも遠慮《えんりょ》しないで言ってくれ。全力で応援《おうえん》する」など。

あの日は月のない雪の夜だった。停電で周囲が見えづらい中、避難所《ひなんじょ》の皆《みな》が〝励《はげ》ましの声〟をかけ合った。胸中《きょうちゅう》に響《ひび》く〝師の声〟も支《ささ》えだった。こうした「声」がなかったら、暗闇《くらやみ》の不安な日々を耐《た》え切れただろうか。

その大震災以来となる大津波警報《けいほう》が発表され、

最大震度《しんど》7を観測した「令和6年能登半島地震《のとはんとうじしん》」が1日夕方に起きた。甚大《じんだい》な被害状況《ひがいじょうきょう》、懸命《けんめい》に続けられる救助・救援活動の模様《もよう》をニュースで見聞《けんぶん》するほどに、より強く同苦《どうく》の心を重《かさ》ねている。

地震の後、テレビ各局が現地の様子を中継《ちゅうけい》したが、刻々《こっこく》と空が暗くなっていく画面に、胸《むね》が張《は》り裂《さ》ける思いだった。こうした時、耳や心に届く〝温かい声〟が、どれほど被災者《ひさいしゃ》を支えていたかと思うと、私たちの祈《いの》りの音声《おんじょう》にも一層真剣《いっそうしんけん》さがこもっていく。

人が発《はっ》した声には、その人の心が宿《やど》る。そして聞く側《がわ》は、届いた声に相手の心を知るものである。声は心――苦難《くなん》と戦う人々が再起を遂《と》げるその日まで、慈悲《じひ》の声を惜《お》しむまい。

心温まる希望の光を！

2024年1月11日(木)

夜明け前に起きると、手元の照明をつけ、次に暖房《だんぼう》のスイッチを入れる。表示された室内気温の低さに身震《みぶる》いをする。東京でもこの季節は、そんな毎朝を送っている。

厚手《あつで》の洋服に着替《きが》え、部屋全体を明るくし、行動し始める頃《ころ》には、室内に暖気《だんき》が行き渡《わた》っている。この時、いつも思う。人は「光」と「暖」に包《つつ》まれると、身も心もホッとするものだ、と。

能登半島地震《のとはんとうじしん》が起きて11日目になる。最低気温が氷点下《ひょうてんか》の現地では、今も安否《あんぴ》不明者の懸命《けんめい》な捜索《そうさく》が続く。地域によって孤立《こりつ》状態の被災者《ひさいしゃ》もいる。

断水や停電している場所も少なくない。〝心温まる希望の光を何とか届《とど》けられないものか〟と、多くの人々が懊悩《おうのう》していることだろう。

先日、パソコンで見た北陸の地元紙1面トップに掲載《けいさい》された写真に目を奪《うば》われた。積雪《せきせつ》の中、被災地に向かう緊急《きんきゅう》車両のナンバープレートが「宮城《みやぎ》」だった。厳寒《げんかん》の中、苦しい日々を送る人たちに〝あなたは独《ひと》りではない！〟と訴《うった》えているように見え、胸《むね》が熱くなった。

各地の人々が、地震の被害《ひがい》の大きさに心を痛《いた》めている。皆《みな》が今すぐ現地に飛んで、救援《きゅうえん》活動ができるわけではない。大変なのは、むしろこれからに違《ちが》いない。だからこそ、希望の光を送る強盛《ごうじょう》な祈《いの》りを、と誓《ちか》う。

アルゼンチンから喜びの報告

2024年1月13日(土)

地球の反対側の国から喜びの報告が届《とど》いた。昨年、池田先生の訪問《ほうもん》30周年を迎《むか》えた南米アルゼンチンで、年《とし》の瀬《せ》に入会記念勤行会が開催《かいさい》され、多くの新会員が誕生《たんじょう》したという。

その中には長年にわたり、池田先生と交流を重ねてきた碩学《せきがく》の姿《すがた》も。一人はブエノスアイレス大学名誉教授のホルヘ・フランサ氏、もう一人は国立ローマス・デ・サモーラ大学元副総長のペドロ・トマ氏である。

両氏は1993年2月、同国で行われた先生の名誉学術称号授与式《しょうごうじゅよしき》に出席。後に関西でも先生と出会いを結び、学会の平和・文化・教育運動への理解を深めてきた。そして昨年末、先生の心を受《う》け継《つ》ぎ、信心で幸福の軌道《きどう》を歩みたいと、晴れて創価家族の一員に。時代や国境を超《こ》えて実《みの》った先生の〝対話〟が、現地の同志の希望になっている。

「自分が花を咲《さ》かせるのではなく、種をまいて終わる一生」を貫《つらぬ》き、地涌《じゆ》の人華《にんげ》を世界中に拡大した池田先生。その根本は「一つの出会い」を宝《たから》とした「一人との語らい」「一人への励《はげ》まし」であることを断じて忘《わす》れまい。

私たちも結んだ仏縁《ぶつえん》を大切にし、一人また一人と信頼《しんらい》の絆《きずな》を強めていきたい。ここに対話の師匠《ししょう》に連《つら》なる、最も偉大《いだい》な生き方がある。学会は永遠に折伏《しゃくぶく》の団体である。

師匠《ししょう》の生誕日《せいたんび》に最後の戦いをささげた愛知の女性部員

2024年1月14日(日)

今月18日発売の『ワールド　セイキョウ　VOL．4』に「雪柳《ゆきやなぎ》」をテーマにした、池田先生のエッセーが載《の》っている。噴《ふ》き上がるように咲《さ》く真っ白な花。それを先生は、苦闘《くとう》する青春の姿《すがた》にたとえてつづった。「輝《かがや》くためには、燃えなければならない。燃えるためには、悩《なや》みの薪《たきぎ》がなければならない。青春の悩みは即《そく》、光なのだ」

神経内分泌《しんけいないぶんぴつ》がんを患《わずら》った愛知の女性部員がいる。余命1年の宣告《せんこく》を信心で勝《か》ち越え、昨年11月25日、池田先生の学会葬《そう》に参列した。ちょうど1年の節目《ふしめ》だった。

葬儀《そうぎ》で放映《ほうえい》された先生の映像《えいぞう》に、若き日の自分が映《うつ》っていた。逝去後《せいきょご》も、先生が励《はげ》ましてくださっているように思え、彼女は涙《なみだ》を流し、支え合ってきた同じ地区の女性部員は、この感動を本紙「声」欄《らん》に投稿《とうこう》。12月27日付に掲載された。

闘病中《とうびょうちゅう》の女性部員は、12月にも手術を受け、今年元日には、友人へ本紙の購読《こうどく》を推進《すいしん》。翌《よく》2日の師匠《ししょう》の生誕《せいたん》日《び》と四十九日にささげた、最後の戦いとなった。3日に今世《こんぜ》を全《まっと》うされたと後日、連絡《れんらく》を頂《いただ》いた。

生きて生き抜《ぬ》いて生命の光を放《はな》ち抜いた友に感謝。友の戦う姿を伝えたいとペンを執《と》った友に感謝。

仏法の師弟、仏法の同志は三世の絆《きずな》だ。また再び必ずや広布の舞台で巡《めぐ》り合《あ》える。

創大駅伝部監督《かんとく》が
選手に訴《うった》えていること

2024年1月15日(月)

第100回箱根駅伝で創価大学は「5年連続のシード権《けん》」を獲得《かくとく》した。

創大駅伝部の榎木《えのき》和貴《かずたか》監督《かんとく》は常々、選手に語る。「監督やコーチからの発信を待《ま》って動くのではなく、自分たちがどうなりたいかを常に考えて動かないと、とても目標は達成《たっせい》できない」「指示《しじ》待ちで受け身の姿勢《しせい》ではなく、主体者として行動しなければチーム全体で勝利できない」と(『創価大学駅伝部　獅子奮迅2024』潮出版社)。

創大が箱根駅伝に初出場したのは、2015年の第91回大会。この時は最下位の20位だった。その後、93回大会は12位、96回大会は9位、97回大会は2位、98回大会は7位、99回大会と今回の100回大会は8位。今や上位を狙《ねら》う常連校となった。

箱根駅伝は世界最古《さいこ》の駅伝として、世界陸連から〝陸上界の世界遺産《いさん》〟「ヘリテージ（遺産）プラーク（飾《かざ》り額《がく》）」が授与《じゅよ》されている（「Competitions〈大会〉」部門）。世界の陸上界の歴史に多大な貢献《こうけん》を果《は》たした個人・団体に贈《おく》られるもの。同部門の受賞は、日本では箱根駅伝と福岡国際マラソンである。

どんな分野であれ、歴史をつくるには、主体者として行動する努力を重《かさ》ねるしかない。さあ、黄金の自分史をつくろう！　青年と共《とも》に‼　青年の心意気《こころいき》で‼

演歌歌手の八代亜紀《やしろあき》さんが強調していた言葉

2024年1月16日(火)

演歌歌手の八代亜紀《やしろあき》さんが「家族や身近な人に一日一回は、絶対に言ってほしい」と、本紙の取材で強調していた言葉がある。それは「ありがとう」だ。

歌を聴《き》いた人々から返ってくる「ありがとう」の声が、八代さんのステージに立つ原動力だったという。〝言い知れぬ心を歌う代弁者になりたい〟と、半世紀以上にわたって、マイクを握《にぎ》った。

少年院や女子刑務所《けいむしょ》などの慰問《いもん》活動を開始したのは、20代で「なみだ恋」が大ヒットした時。〝無名の私の歌を聴いてくれた世の中に恩返しがしたい〟との思いからだった。震災《しんさい》の被災地《ひさいち》への復興支援《しえん》も続けた。先日亡《な》くなるまで、〝一人では何もできない。支えてくれる周《まわ》りの皆《みな》さまに感謝を〟との姿勢《しせい》を貫《つらぬ》いた。

誰《だれ》しも他者や環境《かんきょう》と無関係ではない。現在の自分がいるのも、家族や知人、周囲の人を含《ふく》めた多くの人々の支えがあってこそ。八代さんの歌が多くの人に愛されたのは、独特のハスキーな歌声とともに、〝自分を応《おう》援《えん》してくれた人のために〟との思いがあふれていたからだろう。

感謝の思いを、言葉にする。行動にする。それが、自《みずか》らを成長させる原動力になる。「感謝」は人生を豊かにする――池田先生が繰《く》り返《かえ》し訴《うった》えてきた、人間学の真髄《しんずい》である。

三重男子部の地域貢献《こうけん》活動

2024年1月26日(金)

三重県四日市《よっかいち》市の男子部有志が毎月、市内の商店街で清掃《せいそう》活動を行《おこな》っている。他の団体と合同で実施《じっし》し、今月で13回目を数《かぞ》えた。中部男子部の地域貢献《こうけん》の取り組み「マイタウンCFS(Clean For Smile)」の一環《いっかん》で、地元ケーブルテレビが取材に訪《おとず》れるなど、大きな話題となっている。

清掃には、日頃《ひごろ》は学会活動に消極的なメンバーや家族、友人も加わる。「回を重ねるごとに、理解と信頼《しんらい》が広がるのを肌身《はだみ》に感じます」と、参加する友は口《くち》をそろえる。

男子部員たちが地域活動に力《ちから》を注《そそ》ぐ背景《はいけい》には、

かつてこの町を襲《おそ》った試練の記憶《きおく》がある。1960年代、石油化学コンビナートが排出《はいしゅつ》する有害物質によって引き起こされた「四日市ぜんそく」。多くの市民が塗炭《とたん》の苦《くる》しみを味わった。

64年12月、四日市を訪れた池田先生は、〝公害の町と言われるけれども、皆《みな》さんの行動で素晴《すば》らしい町にしていくんだよ〟との励《はげ》ましを送った。この激励《げきれい》から今年で60年。師の真心を胸《むね》に刻《きざ》む青年たちが、行動の連帯を大きく広げ、地域に希望を届《とど》けている。

人間の一念の変革《へんかく》によって、一切の環境《かんきょう》を変えていくことができる――この「三変土田《さんぺんどでん》」の法理のままに、今いる場所で挑戦を重ねたい。〝足下《そっか》に泉《いずみ》あり〟である。

本紙通信員と東日本大震災《だいしんさい》

2024年1月27日(土)

人が賢明《けんめい》に生きていく上で欠かせないものの一つは「情報」である。それは〝正確〟かつ〝迅速《じんそく》〟に伝わってこそ、有益なものとなる。そうして得た情報を基《もと》に、受け手は正しく物事を認識《にんしき》し、的確な判断を下《くだ》す。

そのことを痛感《つうかん》したのは、東日本大震災《だいしんさい》の時だった。道路の寸断《すんだん》などで被災《ひさい》した地域に移動できず、取材活動は著《いちじる》しく制限された。現地の本紙通信員たちは、身の安全を確保しながら、撮影《さつえい》した数々の写真データと情報を送信し続けてくれた。

当初、写真に添《そ》えたメッセージは「電気と水道が通り、ホッとしました」などだった。翌月《よくげつ》は「倒《たお》れなかった桜の木に花が咲《さ》き、うれしかった」となり、やがて「皆《みな》で題目をあげ、勇気が湧《わ》きました」と変化していった。通信員から届《とど》く報告は、そのまま〝復興の軌跡《きせき》〟だった。

きょう、通信員制度は発足《ほっそく》70周年を刻《きざ》む。それは創価の同志が師と築《きず》いた広布史をつづり残した、誇《ほこ》り高《たか》き歳月《さいげつ》でもある。かつて池田先生は詠《よ》んだ。「通信員　師弟の絆《きずな》は　三世《さんぜ》まで　信は無敵と　地球《ほし》を晴らせや」

能登半島地震《のとはんとうじしん》から1カ月になろうとする被災地では、今日も友が奮闘《ふんとう》している。本紙は尊《とうと》き通信員と心を合わせ、同志の負《ま》けじ魂《だましい》と信心の力《ちから》を歴史にとどめていく。

石川への思いあふれた 大相撲《おおずもう》初場所

2024年2月1日(木)

横綱《よこづな》・照ノ富士《てるのふじ》の4場所ぶりの優勝《ゆうしょう》で、幕《まく》を閉《と》じた大相撲《おおずもう》初場所。敢闘賞《かんとうしょう》には、新入幕《しんにゅうまく》ながら11勝を挙《あ》げた石川県出身の大の里《おおのさと》が選ばれた。「石川からの応援《おうえん》は届《とど》いてたし、いい報告ができた」と語った。

能登半島地震《のとはんとうじしん》で甚大《じんだい》な被害《ひがい》を受けた石川・穴水町《あなみずまち》。同町出身の幕内《まくうち》・遠藤は、町のシンボル「ボラ待ちやぐら」がデザインされた化粧《けしょう》まわし姿《すがた》で、本年最初の土俵《どひょう》に。その姿に、故郷《こきょう》への思いをひしひしと感じた。

かつてボラ漁に使われたやぐら。その上で漁師はボラをじっと待ち、群《む》れが入ると網《あみ》をたぐり寄《よ》せたという。今回、やぐらは地震による倒壊《とうかい》を免《まぬか》れ、住民を勇気づけている。

地震発生から1カ月。車中泊《しゃちゅうはく》をしながら、毎日、同志や友人を励《はげ》ました女性部員。ボランティアで高齢者宅《こうれいしゃたく》の崩《くず》れた壁《かべ》などにブルーシートを取り付ける壮年部員……。厳寒《げんかん》の中、石川の同志は、復興の時は必ず来ると信じ、今できることに全力を尽《つ》くしている。

池田先生は30年前、北陸栄光総会で訴《うった》えた。「冬が厳《きび》しい分《ぶん》、北陸の春は、まことに美しい」「皆《みな》さまに、永遠の生命のうえから、厳然《げんぜん》と『福徳《ふくとく》の春』がやってくることは間違《まちが》いない」。被災《ひさい》された方々《かたがた》が一人ももれなく、福徳薫《かお》る春を迎《むか》えることを強く祈《いの》る。

50年、100年先を開く真心の語らいを

2024年2月2日(金)

日本出身のアメリカSGIの友に実家の母が危《き》篤《とく》との連絡《れんらく》があったのは、1996年6月。池田先生がアメリカ滞在中《たいざいちゅう》だった。行事運営の役員だった彼は、先生がバハマ経由でキューバへ発《た》つと、日本に帰国。母の最期をみとった。

先生はキューバなどを訪問《ほうもん》した後、再《ふたた》びアメリカへ。母の葬儀《そうぎ》を終えて戻《もど》った彼と、ブルームーンを見ながら語らいの時間を持った。諸行事が控《ひか》える中、一人の励《はげ》ましに全精魂《せいこん》を注《そそ》ぐ師の真心が、彼の胸《むね》に染《し》みた。

彼の母が入会したのは52年。紹介者《しょうかいしゃ》は蒲田《かまた》支部

の友である。書店を営《いとな》んでいた母は、聖教新聞社に書籍《しょせき》を仕入れに行くこともあった。その時、池田先生から労《ねぎら》いの言葉をかけられたことが生《しょう》涯《がい》の思い出となった。

母の背中《せなか》を見て、彼は信心を学んだ。母がいなければ、池田先生のことを知ることも、世界広布を誓《ちか》って海外へ雄飛《ゆうひ》することもなかった。師と共《とも》に、学会と共に――母が貫《つらぬ》いた信念のまま、彼は今もアメリカ広布の伸展《しんてん》に尽《つ》くしている。

52年の一女性への対話が、世界広布の人材を育《はぐく》む源流《げんりゅう》となった。その事実は、今の励《はげ》ましもまた50年後、100年後の広布の未来を開くことを教える。伝統の2月。寒風《かんぷう》に胸張《は》り、自他共の境涯《きょうがい》を大きく開く歴史を刻《きざ》みたい。

恩師の誕生日《たんじょうび》に刻《きざ》まれた池田先生と世界の識者との出会い

2024年2月11日(日・祝)

戸田先生の誕生日《たんじょうび》の2月11日に池田先生は、世界の識者らと数々の出会いを結《むす》んできた。

その中に、インド国立ガンジー記念館のパンディ副議長とブラジル文学アカデミーのアタイデ総裁《そうさい》がいる。パンディ副議長とは1992年の2月11日、アタイデ総裁とは翌《よく》93年の2月11日に会っている。戸田先生と同世代の二人に池田先生は格別《かくべつ》の敬意《けいい》を寄せた。

第2次宗門《しゅうもん》事件の渦中だった。91年11月には宗門から学会に信徒蔑視《べっし》の極《きわ》みである破門《はもん》通告書が。そんな中、対話で世界に信頼《しんらい》と友情を広げる先生の姿《すがた》は友の希望となった。

パンディ副議長もアタイデ総裁も、抑圧《よくあつ》された民衆の自由と平等のために戦い、投獄《とうごく》、弾圧《だんあつ》された。パンディ副議長は「私は戦い抜《ぬ》いてきました。だからこそ池田会長のご苦労が分かるのです」と語り、アタイデ総裁は「本当の池田先生のすごさは、迫害《はくがい》を受けた人にしか分からない」と断言した。人権《じんけん》の闘士《とうし》の眼《め》には、人類の幸福と平和のために戦う池田先生の真実がはっきりと映《うつ》っていた。

「戸田先生に勝利の報告を」「全同志に勇気と希望を」。池田先生の尊《とうと》き生涯《しょうがい》の偉業《いぎょう》は、この決意で勝ち取られた一日一日の歴史の積み重ねである。師弟の2月、何かで勝利を報告できる一日にしたい。

「英雄《えいゆう》」と「凡人《ぼんじん》」の違い

2024年2月14日（水）

デンマークの哲学者《てつがくしゃ》キルケゴールは、著作《ちょさく》『現代の批判《ひはん》』の中で〝情熱のない時代は、ねたみが、傑出《けっしゅつ》する人の足を引っ張り、人々を否定的《ひていてき》に水平《すいへい》化《か》する〟と述べ、それを打破《だは》するには一人一人が「不動の宗教性を獲得《かくとく》するしかない」（桝田《ますだ》啓三郎訳）と強調した。

この思想が世界で注目されたのは、彼が42歳の若《わか》さで世を去ってから半世紀も後だった。なぜ、これほど深く時代を洞察《どうさつ》できたのか——。池田先生は語った。「彼が自分の寿命《じゅみょう》が短いことを自覚《じかく》し、その短い生涯《しょうがい》のうちに、なすべきことをなそ

う と戦ったからです」

先生自身もまた、1日を1カ月分にも充実《じゅうじつ》させる思いで戦った。いつ倒《たお》れても、今日死んでも悔《く》いはないとの覚悟《かくご》で生き抜《ぬ》いた。それは恩師が描《えが》く広布の構想を実現し、弟子の模範《もはん》を後世永遠に残すためであった。

誰《だれ》もが今世《こんぜ》の命には限りがある。だからこそ「今」を全力で生きる意味や価値《かち》を自覚できる。先生は論《ろん》じた。『『英雄《えいゆう》』とは、『自分にできることを、すべてやった人間』であります。凡人《ぼんじん》とは、自分にできないことを夢見ながら、自分にできることをやろうとしない人間であります』と。

自身が定めた広布の使命を、時を逃《のが》さず果《は》たしゆく。その人こそ、真《しん》の英雄である。

「泥《どろ》だらけの王様」──池田先生の農漁光部《のうぎょこうぶ》の友への励まし

2024年2月16日(金)

あすは「農漁光部《のうぎょこうぶ》の日」。同部の友は〝地域社会を照《て》らす灯台《とうだい》〟を目指し、朗《ほが》らかに進んでいる。

家族経営の仕事に限界《げんかい》を感じていた山梨県の青年農家。話を聞いた池田先生は励《はげ》ました。「畑を耕《たがや》して作物を育てるのは、一国一城《いっこくいちじょう》の王様みたいなものだ。『泥《どろ》だらけの王様』だよ。素晴《すば》らしいじゃないか」。この言葉が青年の心を百八十度変《か》えた。初めて農業に生きがいを見いだし、農の道を誇《ほこ》りをもって貫《つらぬ》いた。

「生活はどうですか?」「大変です」「漁はありますか?」「あまりありません」。高知県で漁業者の家族から話を聞いた先生は提案《ていあん》した。「じゃあ、ここを幸福湾《わん》にしよう」。そして、海を背景《はいけい》に、写真に一緒《いっしょ》に納《おさ》まった。以来、一家は「ここを幸福湾に！」と祈《いの》り、行動。地元の漁協から水揚《みずあ》げ量で何度も表彰《ひょうしょう》された。

先生が両者に伝えたのは、「一念が変われば環境《かんきょう》が変わる」ということだろう。試練《しれん》に直面した時、「人間革命のチャンスだ！」と捉《とら》え、喜び勇《いさ》んで立ち向かう一念を持てるか。この強き一念が試練を勝ち越《こ》えるエンジンとなる。宿命《しゅくめい》を使命《しめい》に変える推進力《すいしんりょく》となる。

一念の「念」は「今」の「心」と書く。全《すべ》てをプラスの方向へ転《てん》じる力《ちから》は、現在の心の中にある。心のエンジンは偉大《いだい》である。

津田梅子と星野あい

2024年2月21日(水)

今年は20年ぶりに、紙幣《しへい》のデザインが一新される。5千円札の新たな肖像《しょうぞう》となるのは、教育者の津田梅子である。

今年が生誕《せいたん》160年の節目《ふしめ》とも重《かさ》なる津田は、近代日本の女子高等教育の先駆《さきが》けとなる「女子英学塾《じゅく》」を1900年に創設《そうせつ》。いつか大学に発展《はってん》させたいと奔走《ほんそう》するも、道半《みちなか》ばで病気に倒《たお》れてしまう。愛弟子《まなでし》の星野あいに後事《こうじ》を託《たく》し、64歳の生涯《しょうがい》を閉《と》じた。

第2代塾長《じゅくちょう》となった星野の前途《ぜんと》は多難《たなん》だった。戦時下の日本で英語は「敵性語《てきせいご》」とされ、外国人教師の多くが国外退去《たいきょ》。終戦後も資金難《なん》などの嵐《あらし》にさらされた。しかし〝教育によって女性の地位向上を実現する〟という、師弟の夢が胸中《きょうちゅう》から消えることは決してなかった。48年、ついに星野は「津田塾大学《つだじゅく》」の設立を実現させた。

津田が塾を興《おこ》した同じ時期、牧口先生は女性の通信教育に心血《しんけつ》を注《そそ》いだ。先師の信念を継承《けいしょう》した池田先生は、女性教育の殿堂《でんどう》として、創価女子短期大学、創価女子学園（現在の関西創価中学校・高校）を設立。今年は女子短大の構想発表から55年の節《ふし》を刻《きざ》む。

社会を変え、時代を動かしていくのは、使命と決意に燃《も》えた「真剣な一人」である。心に師を抱《いだ》き、師への誓《ちか》いに生きる――その報恩《ほうおん》の歩《あゆ》みに行き詰《づ》まりはない。

内面世界の探求を

2024年2月22日(木)

日本の月探査機《つきたんさき》「SLIM《スリム》」が先月、月の岩石の撮影《さつえい》に成功した。現在、データの解析《かいせき》が進んでおり、科学的進歩への貢献《こうけん》が期待される。

近年、月の存在《そんざい》が身近になっている。NASAでは月に人類を送り、月面拠点《きょてん》を建設する計画も進行中だという。民間人でも月に行ける時代が到《とう》来《らい》しそうだ。

宇宙《うちゅう》飛行士の向井千秋さんは、地球は「思っているほど大きくない」と本紙のインタビューで語っていた。宇宙の彼方《かなた》から見れば、砂粒《すなつぶ》よりも小さな星で、人類は争いを続けている。戸田城聖先生が提唱《ていしょう》した「地球民族主義」の理念を広げることが、今ほど求められている時はない。

科学技術が著《いちじる》しく発展《はってん》した19世紀、地上の領土の拡大ではなく、自身の内面世界の探求《たんきゅう》を呼《よ》びかけた人物がいる。アメリカの思想家ソローである。〝心の中で、新天地を発見するコロンブスになろう〟——人々が目先の技術革新《かくしん》に夢中になる中、目の向けどころを変えることを訴《うった》えた。

日蓮仏法では、貪欲《どんよく》や憎悪《ぞうお》は生命の深層《しんそう》から湧《わ》き起こるものであり、それを超克《ちょうこく》する実践《じっせん》なくして平和の実現はないと説く。宇宙開発が活発になればなるほど、内面の変革《へんかく》に挑《いど》む人間革命に着目《ちゃくもく》すべきであろう。そこに平和への真《しん》の〝進歩〟がある。

2011年に使用した手帳

2024年3月7日(木)

2011年に使用した手帳が今も手元にある。ページをめくると、日々のスケジュールが手書きされている。3月11日の欄《らん》には赤色の太字で大きく「14時46分　大地震《おおじしん》発生」と上書《うわが》きしてある。

以降《いこう》は全《すべ》ての予定項目《こうもく》にバツ印が付き、代わりに被災者《ひさいしゃ》のお見舞《みま》いと取材日程で埋《う》まった。福島で原発事故があったことから、県内外を無我《むが》夢中で走っていた記憶《きおく》がよみがえった。

発災から1カ月が過《す》ぎた頃《ころ》、行動予定の内容に少し変化が見える。相変わらず取材活動は続けているが、取材と取材の合間に、被災地で同志の激《げき》励《れい》に奮闘《ふんとう》するリーダーたちと語らうスケジュールの加筆が目立つ。

当時、リーダーらは、それこそ不眠不休《ふみんふきゅう》で避難所《ひなんじょ》などへ足を運んでは、皆《みな》を励《はげ》まし続けていた。そのおかげで多くの人が再起を誓《ちか》い、少しずつ前を向き始めた。そして次に「〝励ましてきた人〟を励ますこと」が大事になる段階《だんかい》に移った時期だった。

復興は長期戦である。能登半島地震《のとはんとうじしん》による北陸の被災地域は、断水や停電など、今なお先が見えない状況《じょうきょう》が続く。ライフラインの復旧とともに、被災者や関係者の「心のケア」も、重要になってくる。表情、つぶやき、振《ふ》る舞《ま》いの小さな変化を見逃《みのが》さず、皆で前へ進んでいきたい。

ろうそくの光の下で書かれた手紙

2024年3月10日(日)

東日本大震災《だいしんさい》から明日で13年。取材記録を見ていると、走り書きした手紙に目が留《と》まった。発災《はっさい》4日目の深夜、ろうそくの光の下で記《しる》したもの。「ストーブもなく、毛布等を集《あつ》めながら寒《さむ》さをしのいでいます」「電話も全《まった》く通じず、ラジオだけが情報網《じょうほうもう》です」……。書いた人は、最《もっと》も犠牲者《ぎせいしゃ》が多かった宮城県石巻市《いしのまきし》の女性。当時、自《みずか》ら被災《ひさい》しながらも津波で浸水《しんすい》した町の中を安否確認《あんぴかくにん》に歩き、被災者を懸命《けんめい》に励《はげ》ました。

手紙には、本紙が津波被害がなかった内陸部《ないりくぶ》から一時避難所《ひなんじょ》に初めて届《とど》いたことも。紙面には、池田先生の伝言が載《の》っていた。「大聖人は『妙《みょう》とは蘇生《そせい》の義《ぎ》なり』と御断《ごだん》言《げん》であります。今こそ不屈《ふくつ》の信力《しんりき》、行力《ぎょうりき》を奮《ふる》い起《お》こし、偉大なる仏力《ぶつりき》、法力《ほうりき》を湧《わ》き出《いだ》しながら、この苦難《くなん》を、断《だん》じて乗《の》り越《こ》えていこうではありませんか」

彼女は後日、この時の思いをこう語っている。「たった一日で、家族も亡《な》くした。家も失《うしな》った。絶望《ぜつぼう》で真《ま》っ暗《くら》でした。この状況下《じょうきょうか》では、聖教新聞が『希望』だったんです。先生のご伝言を読んで『私たちに今、必要なのはこれだ！』と」

能登半島地震《のとはんとうじしん》から2カ月余。「先が見えない」との切実《せつじつ》な声に心が痛《いた》む。だからこそ希望を送り続けたい。蘇生の劇《ドラマ》は希望から始まる。

毎年春先に訪《おとず》れる連絡

2024年3月11日(月)

毎年3月が近づくと、「今年もひな人形を飾《かざ》れました」と連絡《れんらく》をくれる女性部の友がいる。今年も来た。彼女は10年前、桃《もも》の節句《せっく》を娘《むすめ》と祝《いわ》って数日後、病《やまい》に倒《たお》れた。医師からは「来年のひな祭りを迎《むか》えられるか……」と事の重大さを告《つ》げられた。

だが彼女は信心根本に5年間の闘病《とうびょう》の末《すえ》、完治させた。彼女にとって先の連絡は、毎年春先になれば訪《おとず》れる〝恒例《こうれい》行事〟ではない。今も積《つ》み重《かさ》ねる〝勝利報告〟だ。

きょう11日で、東日本大震災《だいしんさい》から13年。福島の原発事故の被災地《ひさいち》では今年、「郵便局《ゆうびんきょく》が営業再開」

「避難《ひなん》指示の区域《くいき》内の学校から私物を持ち出せた」など、13年を経《へ》て、ようやく起きた変化もあった。

福島の友人が語っていた。「マスコミの毎年の『3・11』報道は、針時《はり》計のようだ」。長針《ちょうしん》が1周すれば短針は4時、5時と進むが、その時の長針は、いつも同じ文字盤《ばん》の「12」にある。つまり「満何年」の数字を増《ふ》やしつつも、「3・11」を文字盤の「12」と捉《とら》えていると指摘《してき》した。友人は「僕にとって、今年の『3・11』は〝あれから4749日〟なんだよね」と言った。

復興を歩む友は〝周回〟していない。自分の歩幅《ほはば》で一歩一歩、前へ進んでいるのだ。「寄《よ》り添《そ》い続ける」とは何か――改《あらた》めて考えている。

「本当の友人には、自分を幸せにしてくれた信心を知ってもらおう」

2024年3月15日（金）

若い女性たちがSNS《エスエヌエス》などで使うBFF《ビーエフエフ》（Be《ベ》st《スト》 Friends《フレンズ》 Forever《フォーエバー》）という略語がある。意味は〝一生涯《いっしょうがい》の親友〟。

弥生《やよい》3月を駆《か》ける東京・北総区の女性部の方《かた》が、友人の名前を記入できる「BFFカード」を作成した。とても素晴《すば》らしい出来《でき》栄《ば》えで、壮年部でも使っているという。

同総区に毎月、友人と座談会に参加する82歳の壮年がいる。きっかけは15年前、池田先生が随筆《ずいひつ》で〝10人の本当の友人をつくろう〟と呼《よ》びかけたこと。カラオケが大好きで友達はたくさんいる。

だが、本当の友と言えるか。せめて本当の友人には、自分を幸《しあわ》せにしてくれた信心を知ってもらおう。それには座談会が一番と考えた。

「何も隠《かく》さず、押《お》しつけもせず、ありのままを見てもらいます。意外《いがい》とみんな次も行くよと言ってくれます」。この10年で6人の友人が入《い》れ代《か》わり座談会へ。その1人が先月、入会。今月は、その方とさらに別の友人も一緒《いっしょ》に。なんとも自然体で、ほほ笑《え》ましい。

先《さき》のBFFカードには「たとえ相手に裏切《うらぎ》られても『自分が裏切らない』なら、友情なのです」との先生の言葉が記《しる》されている。

友情のドラマの主人公は私自身。心軽《こころかろ》やかに自分から声をかけよう。大切な〝BFF〟がきっと現《あらわ》れる。

日本漫画を、世界に冠《かん》たる文化へと押《お》し上《あ》げた鳥山明《とりやまあきら》氏

2024年3月16日(土)

愛知県在住の画家・堀尾《ほりお》一郎氏が、県内の高校で教員として勤《つと》めていた時のこと。1人の生徒が、おそるおそる声をかけてきた。「漫画《まんが》研究同好会の顧問《こもん》になってくれませんか」。後《のち》に人気漫画家となる、若き日の鳥山明《とりやまあきら》氏である。

当時、漫画への理解が浅かった堀尾氏は要請《ようせい》を断《ことわ》った。だが、鳥山氏は諦《あきら》めなかった。別の教員に顧問を依頼《いらい》し、同好会を発足させる。堀尾氏は述懐《じゅっかい》している。「漫画は芸術ではなく娯楽《ごらく》と見なされる時代だったが、彼には信念があった」（中日新聞3月9日付）

日本漫画を、世界に冠《かん》たる文化へと押《お》し上《あ》げた鳥山氏。今月、訃報《ふほう》が伝えられると、国境や世代を超《こ》え、数多くの惜別《せきべつ》の声が寄せられた。そのこと自体が、アニメ界に計《はか》り知《し》れない功績《こうせき》を残したことを物語る。

芸術や文化は〝人間性の発露《はつろ》〟だ。漫画にもまた、作者の生きざまや心が反映《はんえい》される。「ドラゴンボール」をはじめ、鳥山氏の作品が今なお多くの人を魅了《みりょう》してやまないのは、氏が漫画への一途《いちず》な情熱に生き抜いたからだろう。

若き日の熱い思いのまま、生涯《しょうがい》を歩む人は幸福だ。夢や目標へ前進する途上《とじょう》には、挫折《ざせつ》や葛藤《かっとう》もあるが、それを乗《の》り越《こ》えようとする執念《しゅうねん》と努力が自身を鍛《きた》え、消えない心の財産となる。

東北の友とサーラ・ワイダー博士との真心の交流

2024年3月22日(金)

「皆《みな》さまとの連帯の心を込《こ》めて」――東北の友のもとへ、今年もアメリカからメールが届《とど》いた。送《おく》り主《ぬし》は、サーラ・ワイダー博士。池田先生と対談集を編《あ》んだ文学者である。

東日本大震災《だいしんさい》の翌年、博士は被災地《ひさいち》を訪問《ほうもん》。さらに石巻《いしのまき》・東松島では、被災者の家を訪《たず》ねて語り合った。博士は、出会った友のことを日記に克明《こくめい》に記《しる》し、胸《むね》に刻《きざ》んだ。以来、メールのやり取りが始まった。

今年のメールには、こう記されていた。「東北の皆さまは、現代社会が直面する差《さ》し迫《せま》った数多くの困難《こんなん》に、私たちは立ち向かっていけるということを教えてくださっていますす」。友も感謝の思いと近況《きんきょう》を書いて返信した。「2年前、11年かけて創価大学の通信教育部を卒業することができました」「病気で入院していましたが元気になりました。4月から、励《はげ》ましの対話を頑張《がんば》ります」等々。

10年以上、途切《とぎ》れずに続く真心の交流。なぜ、そこまで被災地に思いを寄せるのか――ある時、そんな質問を受けた博士は、こう答えた。「最後の一人が立ち上がるまで励まし続ける。それが池田先生が教えてくださった精神です」

年輪を重《かさ》ねるごとに太くなる心の絆《きずな》が、一人一人が思い思いに迎《むか》えた春を、希望の色に染《そ》め上げていく。

即座《そくざ》の対応に真心が表れる

2024年3月25日(月)

歌手のさだまさしさんがディナーショーを行《おこな》った日のこと。会場のホテルにチェックインすると、声をかけられた。「頼《たの》みたいことがあるんだ。今、少し時間あるかい?」。相手は漫画家《まんがか》の手塚治虫《てづかおさむ》氏だった。

さださんはリハーサルの直前。「30分ほど後でよろしければ、時間はたくさんあります」と返したが、手塚氏と都合《つごう》が合わない。やむなく、その場で氏を見送った。ところが1カ月半後、さださんは後悔《こうかい》に襲《おそ》われる。闘病中《とうびょうちゅう》だった氏が世を去ったのだ。

「頼みたいこと」とは何だったのだろう。すぐに話を伺《うかが》えばよかった――。さださんは「このとき以後、『後でね』を自分に禁じた」と、自戒《じかい》の念をつづる（『さだの辞書』岩波現代文庫）。

激《はげ》しい法難《ほうなん》の渦中《かちゅう》にも、日蓮大聖人は門下との交流を最優先《さいゆうせん》にされた。「病《やまい》が治《なお》ったことを、きょう聞きました。これ以上、うれしいことはありません」（新2165・全1298、通解）――即座《そくざ》の対応に、日頃《ひごろ》から門下の幸福を願う、深き御慈愛《ごじあい》があふれている。

私たちの周囲にも、まさに今、苦境と戦う友がいる。その声に耳《みみ》を傾《かたむ》け、共に一歩を踏《ふ》み出すのは、「今」をおいてほかにない。日々、縁《えん》する友の幸せを祈《いの》り、試練の時には真っ先に駆《か》けつける人でありたい。

昨年入会した
フランスＳＧＩのメンバー

2024年3月26日(火)

先月、広宣流布大誓堂《だいせいどう》での誓願《せいがん》勤行会に出席したフランスＳＧＩの知人が語った。「まだ仏法を深く理解できたわけではありませんが、最も信頼《しんらい》する人たちと同じ信仰《しんこう》の道を歩もうと決意しました」

彼女は昨年、学会に入会した。カトリックの家庭で生まれ育った彼女が、仏法と出合ったのは大学時代。以来十数年、悩《なや》みを抱《かか》えるたびに、メンバーである現在の夫や義母、日本の親友が支えてくれた。

入会前には産後うつを患《わずら》ったことも。苦しい時は、日本の親友とビデオ通話で励《はげ》まし合った。信心根本に治療《ちりょう》を行い、病《やまい》を克服《こくふく》。そんな姿《すがた》を見ていた彼女の母は、「SGIの皆《みな》さんは本当に親切で温かいね」と、彼女の入会を心から祝福してくれた。

仏典には、こんな逸話《いつわ》が記《しる》されている。ある時、釈尊《しゃくそん》の弟子が質問した。〝善《よ》き仲間のいることは、仏道の半《なか》ばに近いと言えるのでしょうか〟。すると釈尊は答えた。〝そうではない。善き友をもつことは、仏道のすべてである〟

善友《ぜんゆう》と励まし合い、手を携《たずさ》えて進む中に、限《かぎ》りない人間的成長があり、信仰の深化《しんか》がある。目の前の課題に果敢《かかん》に挑戦《ちょうせん》し、自《みずか》らが周囲の善友となるよう人間革命《かくめい》していく――池田先生が自らの姿をもって示《しめ》した仏法者のあり方《かた》である。

今、ここから、持続《じぞく》可能な未来への行動を

2024年3月30日(土)

ある壮年部員が会館に飾《かざ》られている写真額《しゃしんがく》が曲がっているのに気付いた。壮年は一人静かに額を水平に直した。

その光景を、居合《いあ》わせた数人の青年が見ていた。振《ふ》り向《む》いた壮年と青年たちの目が合った。壮年は笑顔で言った。「ここは、わが家と同じくらい大切な広布の城だから」。壮年の自然な振《ふ》る舞《ま》いに宿《やど》る心に共鳴したのだろう。その会館では、壮年の心に倣《なら》い、自発的に館内の小さなごみを拾《ひろ》ったり、無駄《むだ》な電気を消したりする人が増えたという。

先頃《さきごろ》、東京・国立競技場で開催《かいさい》された「未来ア

クションフェス」でのこと。演目の途中《とちゅう》、スタンド席の一部の参加者が自分のスマホのライトを点灯させ、流れる音楽に合わせて左右に振り始めた。

これはイベントの演出にはない、想定外のことだった。皆《みな》が次々とスマホを手にして光の輪《わ》が広がっていった。夕暮《ゆうぐ》れの競技場に巨大《きょだい》な〝光の連帯〟が輝《かがや》いていた。

一人一人がともした光は、ほのかなものであった。それでも数万の星々のように輝いた、あの情景は、見る人の心に確かなメッセージを届《とど》けたのではないだろうか。「今、ここから、持続《じぞく》可能な未来への行動を」――同フェスが掲《かか》げたテーマは、私たち一人一人が実践《じっせん》することで世界に広がっていく、と。

memo

名字《みょうじ》の言《げん》セレクション❶ 2023～2024

2024年11月 3日　初版第1刷発行

編　者　聖教新聞社《せいきょうしんぶんしゃ》
発行者　松本義治
発行所　株式会社　鳳書院
〒101-0061 東京都千代田区神田三崎町2-8-12　鳳ビル 3F
電話　03-3264-3168（代表）
FAX　03-3234-4383
https://www.otorisyoin.com

印刷・製本　精文堂印刷株式会社

ISBN 978-4-87122-215-0